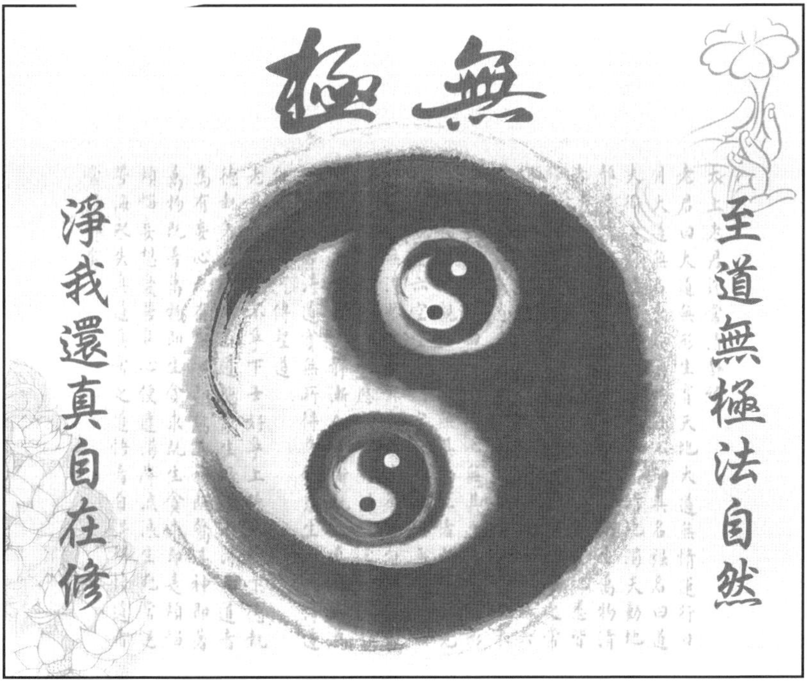
無極
至道無極法自然
淨我還真自在修

人間修行 2

簡單自在勘破靈修的迷障

神仙指路

莫林桑 著

博客思出版社

人間修行（二）神仙指路

【目 次】

【目次】

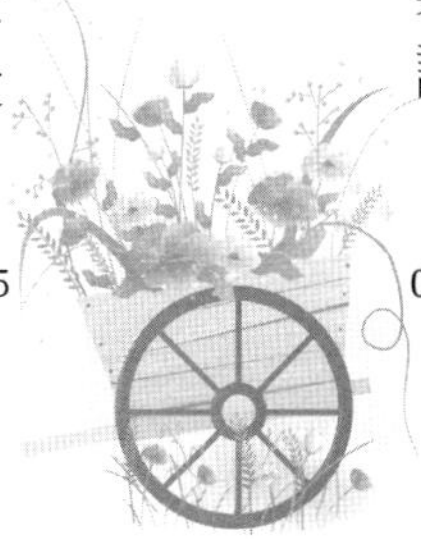

用簡單自在勘透靈修的迷障

用簡單自在勘透靈修的迷障

靈修是一個非常自在的修行，用很貼近生活的方式，很貼近自然的方式在修行，一般人總把修行看得很嚴肅，把神尊看得很威嚴，神聖不可侵犯，其實神尊是很親切的，就像家裡的長者，就像老師，祂是希望你越來越好，所以不時的提醒你，告誡你，希望你能逐漸提升，提升到不需要祂們耳提面命，你就能夠自我成長，能夠獨當一面。神尊無時無刻都在你左右，但是因為人的思維障蔽，所以你無法感受祂的存在。

靈修只是要把你的靈喚醒，把你的靈提升上來，讓靈能夠清楚去接收神尊給的訊息，讓靈能夠發揮祂的所長，並完成來到人世的任務；每個靈的任務是不同的，有的來辦事，有的只是來學習歷練，甚至只是來遊歷而已，並不是所有人都需要辦事濟世，而累積功德（業績）是在隨緣之中，不經意的行為中的行事所得，而不是刻意去做，所以累積功德是在沒有累積功德的思維下所得來，是一個累世的發心願力所累積的行動力，看到應該救助就自然去做的一種力量，重點是做後的「放下」，沒有殘念，沒有功德或企求回報的任何意念，是很自然很自在的行為，是一種慈悲，是良知良能，是簡單自在的。是用單純的心念去做的。

那人在人世間，不管在生活／工作／娛樂或接觸神尊的修行，無時無刻都在做選擇，這個選擇的根據來自於自心的一個平衡，是對當下狀況的判斷，可以滿足自心的平衡的狀況，但是因為生活跟人世的複雜，當下認可的方式，執行下來並不盡如人意，「不如人意就是天意的安排」，要能認知不如人意就是老天在教你了，因為你把事情複雜化了，所以要回過頭來，看自己的本心，看自己的初心是否善意，其實人對周遭的人事地物都會有一個心裡的排序表，不同比重會有不同的對待，就是所謂的「遠近親疏」，那我們所能做的就是取得相對應的平衡，只是合於自然節度的平衡，然後簡單自在的對待，那就是一個很真誠的對待關係，用真誠的心，用單純的作為，合於自然，其實就會百般平順的。

為什麼有的人走修行路走得很辛苦，因為把心，把事，把人都複雜化了，會複雜化是因為人加上了人的思維，認為要多做什麼才表示尊敬，要加一些別人所不知的事物來展示自我超越的能力，越加越繁複，其實都是人在衍伸，也搞的參與的人體力／心力耗費，難怪沒辦法像神尊一樣消遙自在，拜拜修行是

用簡單自在勘透靈修的迷障

要學什麼？當然是要學神尊的精神阿，一個簡單自在的精神，神尊無形無質，自在來去，何需人世財物以及繁文縟節，豈不累贅，不怕吃太重飛升不起來嗎？尤其是靈修的修行，為什麼讓靈發揮，讓靈跟神尊接觸？因為靈也是無形無質，跟神學習逐漸培養，就會有神的樣式。

所以回到單純良善，回到簡單自在，神不是魔，不會恐嚇人，不會綁架人，祂只希望人好好做自己，不要違背良心，不要違背初心。把修行回歸簡單自在。

謙卑／低調／修自己

靈修是「無戒之戒」或「不戒之戒」的修行，主要出自於心靈之喜悅去做，所以靈修的修行只有一個概念「自然合道」，不管是佛道或是基督的修行，要以自己能夠生存下去為先，「我」是本體，本體要能存續，其他的作為才有意義。常見有師兄姐，以要修行要替神佛辦事或完成神佛交辦的任務為理由，東跑西跑，卻置自己的經濟於不顧，也有的師兄姐就是一意孤行，一心只在事業上，就是動賺錢的腦筋，但是卻沒想君子愛財要有道，或是忽略了兼顧天地有緣眾生，事業有些微狀況的預告，卻仍不知修正，以己意為尊，結果事業散了，才說是沒修行被神明懲罰。

其實都是過與不及的現象。到底是「憨神」還是「憨人」，事神與事人都要修智慧，修智慧才是靈修修行的根本目的。

第壹章：靈修—不是清談也不是意境的追求

靈修不是做學問
而是一個力行體驗的過程
唯有進入才能實證

1-1、靈修的核心法則—以靈帶心，以心養靈

之前有師兄提到是不是要訂定「宮」的規矩，這真是個嚴肅需要討論的一個課題，戒律規矩是傳統修行的必要條件，佛道都有，尤其聽說「一X道」戒規很嚴格，這是由外而內的修行，因為人多，所以需要統一的規範跟指引，也希望藉由言行的指導達到心的收束作用，這種修行方式我們稱為「戒律式修行」，例如五戒十戒菩薩戒等，也可以稱做是「制約式修行」或「制約式學習」，透過戒律教條來規範行為，達到心性養成的目的，這種方式有軌跡可循，有一定的標準可檢測，然而所謂「誠於中形於外」，如果沒有從心性培養，單是從行為規範開始，那心口言行是否合一，則很難檢驗，因為是由外制約，如果「心」未跟上，總有些「被」限制，「被」要求的感覺，不是出自內心的歡喜。

靈修則是從養心養靈開始，心靈是自由開放的，沒辦法制約的，只有在自心願意的狀況下，外界這些制約教條才會成立，但心已先行了，就沒有所謂規矩教條了，所以靈修做的是「自然合道」的修行方式，不必去立教條規矩，只有「讓自己更好」的修行的概念，因為是起心動念在內心，自然去做，行為自

然合於規矩，規矩對靈修來講是多餘的。

這種修行，我們稱之為「無戒之戒」或「不戒之戒」的修行，出自於心靈的喜悅而去做，所以靈修的修行，只有一個概念「自然合道」——要謙虛，低調，修自己，讓靈提升，時間到了，該做的做，時間未到，不必強要，身心靈一體，只有一個規矩，對身心靈有益的，有助長提升的作用就是規矩，就是去做，心知靈知自然去做，所以無戒。

心中沒有教條戒律，但該引以為戒的自然遠去，所以酗酒，吸菸，謊言，一些壞習慣在進入靈修的情形下是會自然戒除的，因為靈會自己排除妨害身心靈成長的壞習慣，會自然排除會造成後遺症傷害到自己的言行，那為什麼有人會戒不掉，事實上是還沒有真正進入靈修的狀況，還沒把心交給靈，還沒把心交給神，把身心放心交給靈，不要害怕，不要排斥，成長會更快。

所以「一個宮」到底要不要立規矩？

與其說立規矩不如應該說是要教大家認知真正的靈修思維——「自然合道」「自我管理」。

神尊要你辦事時，自然給你能力，處於什麼位置做什麼事情，不要追求，不要人為超越的表現，已經到來的不要排斥，該靈動天語的，接旨接令的就接，一切自然自在，要辦事的神尊自然要你辦，沒辦法強求，也沒辦法躲閃，還沒有要你辦事的，或沒天命的就低調修自己，通靈辦事不是人的學問，不像地理風水易經一樣可以學會的，所以只有修，跟神接觸跟神修，這不是找人練習可以達成的，只能多多打坐做功課。

其實通靈的師兄姐，通常都是有「帶天命」，大多是不經意之中就通靈了，而他們的共同現象是，「我可不可以不要通，可不可以不要辦事」，你說他們都沒修忽然通的嗎？不是的，他們在過往生活的經歷中早已接受考驗，他們有很多共同特性就是—單純、善良、平和、不與人爭、吃虧不計較、也接受各種感情的考驗。時間到了，自然就通了，然後會慢慢回溯已往的經歷，打開助人的智慧，會害怕不想通靈不想辦事是因為擔心「誤」了信眾，是出於善良的本性思考，所以通靈辦事不是自己去追求的，沒有謙退的心，恐怕只會變成「人比神強」，助人變誤人，變成自己的心在辦事，而不是通靈在辦事；除了通靈辦事，另一種則是透過「悟道」而通道通靈的，這是透過「悟」，更需要靜心養靈。

個人比較幸運的就是一開始就接觸簡單自在的靈修，就是單純修心悟道，感謝以前的老師對「悟道」方面能力的開啟，也讓我有機會見識通靈的現象及通靈的驗證，靈本無形，無形就是靈修的本然面目，所以靈跟神尊是非常自在的，沒有侷限的，外面很多靈修團體用很多「道具」在修行，只能講是為引導人相信，其實是很累贅的。

靈修只有「以靈帶心，以心養靈」

那什麼是無極？無極就只有一個簡單的答案？就是「無形」，這是以前特別跟神尊請教什麼是無極所給我的答案，因為無邊界故無所見其形，這可以參考我「無極道」的幾篇文章說明，因為無極的修行就沒有所謂什麼天元地元，什麼中天，這也是玉玄宮所以這麼簡單自在，跟外界宮廟不同原因，把修行弄得那麼複雜幹嘛，就只有「簡單自在修自己」，修行不是為了要辦事或找人來助，所以玉玄宮的規矩只有合道，還沒體悟的，慢慢修正慢慢做，因為還沒摸索到，也沒辦法一次到位，所以要修，也因為還沒成神所以要修，人是有很大修正的空間，所以在修行上是容許錯誤的，容許說更正重來的。

在日常生活中修行不要害怕錯誤，不要害怕修正，有錯知錯才能修，只有讓自己體悟這個過程，才能內化這個情境，沉穩自己的心。

靈修修行只是讓自己靜下心來，靜下來修是蓄積自己能量，該動則動，該靜則靜，沒要你辦事，則更要沈的住氣，靜的下心來—自在清修。

1-2、修行就會有飯吃嗎？

如何「將無形財轉換為有形財」？

只要修行就不用擔心工作或生活困頓了嗎？也談一下如何「將無形財轉換為有形財」？很多師兄姐應該都有經驗：

會靈跑靈山除了會接旨令法寶之外，常會接到神尊賜予的財寶（我們稱為道財），但往往會迷惑，接到無形的財寶要怎麼辦？還有是不是：只要修行就不用擔心工作或生活困頓了嗎？這就好像之前有師姐問為什麼修行的人家庭婚姻常不順一樣，這是一個沒有搞清楚因果關係的結論，也是一個沒有搞清楚什麼是修行的想法，一般人很簡單的，有什麼事就拜神求神，拜佛求佛，只要禱告，上帝耶穌就會來幫你解決問題，但是自己卻不去調整自己，不去有所做為。當然，我們不排除有無形力量來幫你排除一些莫明的阻礙，但基本上「天助自助。」者還是不變的道理，那為什麼修行以後可以讓生活工作更順？

「修行」是一個正面積極鼓勵人向上提升的動作，因為往上是反向操作，有些「逆」人性的（人是偷懶的，都想安逸舒適就好），所以需要有推動的力量，因此需要心的堅定與靈的鼓舞，修行的行，它是要動的，不動就沒有行的形式與力量出來，很多人都認為拜拜，靜坐，念經，到廟幫忙就是在修行，沒有錯，但它只是修行的準備動作。

它只是把心回到一個比較純淨清明的地步的前置動作，這個動作是在找出修的目標跟方式，最終還是要有方法要有行動力去執行，要修正言語、行為、想法。

所以修／行是要連續動作才能產生效果的，如果「光說不練」就原地踏步了，永遠不可能達到目標，所以修行以後能不能讓工作更順，生活更好，那就要看你是「真修行」還是「只修不行」，還是「不修不行」。

修行可細分人的修行跟靈的修行。

如果真修行，人跟靈配合會相當愉快，也就是「說」「做」「想」是一致的，合一的，打從心裡樂意做的，真修行是從心裡理解修行的必要性，然後認真去做該做的動作；比如說今天跟客戶介紹了某種產品，結果被客戶拒絕，你是認為你遇上了「澳洲客」，還是會想到到底是不是我對「產品的好」了解還不夠深入，還是我的這個講法客人沒辦法接受，那我有沒有想到下回講解的時後做個錄音，再聽聽看自己到底那個環節不完美，是講話的音調，是客戶心理沒掌握好，那我是不是需要改善哪些技巧，要不要跟主管做一個討論請教，還是只是想說我就是等客戶，總有一個願意購買的想法，如果是這種想法，修正的只是期待不同的來客，而不是目標清楚的修正自己；修行就是要修正，執行，再修正，再執行，再檢討執行有沒有澈底，如果你可以做這種修行，應該就是身心跟靈一起俱進的修行，也是一種生活工作智慧的成長。

所以到底修行能不能讓生活工作變更好，基本上要修對方向。修對了方向，修的好，工作生活都會很好。

那領到土地公或財神爺或神尊的「無形財」怎麼辦？

窮高興嗎？感覺自己很有錢但就不能用，奈何？總不能到店家說我有土地公的1000萬，買你兩輛車，幾床被，不被轟出來才怪。

我們說「無形財」就好比拿到國庫支票，這個支票你要有可以兌現的銀行或是轉換的平台或戶頭。

那什麼是你的轉換的平台？你什麼都不做錢會掉下來嗎？

會，那個平台就是類似公益彩卷、發票、六合彩之類的，但你要不要「行」，要阿，你要到彩卷行買或出門簽注阿；但這個也要看你有沒有這個命，另外還有信眾的捐獻這類的阿，但信眾會不會平白無故捐你一大筆錢？也要你宮務操持的興旺才有辦法，但在大廟往往是公用的平台，不是個人的平台。

那對一般人來講，自己的工作就是自己的兌換平台，你付出多大努力，給你相對應兌現比你意想更多的收穫，或是忽然多出的客戶，或是意想不到多出的訂單，這個就是無形財轉換的機制。

所以基本上，修行以後生活會不會轉順，在於你的正心正念及修正執行的行動力的強弱，那你會想，我只是吃人家頭路，怎樣轉換，通常固定工作薪水的人很難有額外的無形財，會領有無形財的人，或想更多收入的人，通常無法做固定薪水收入的工作；因此常會產生一種現象：轉換工作平台，比如上班族想去擺攤或自己做生意或自己出來開公司，這就是轉換工作平台，無形財就有機會轉換成有形財，所以工作平台的選擇也是很重要的一個因素，基本上，要產生工作及生活上轉變的力量，主要來自於「修行」的正向思維及行動力，拜拜念經靜坐都是在澄淨調整「心」的思維及培養動力，自我修正調整越澈底，產生的力量越大，生活工作會更好，無形財轉換的機制也會更強大。

1－3從根源學習，明白根源才能自在……

從根源去明白事物形成的原理、從源頭學習。

何謂事物都是中性的？所謂中性很簡單講就是沒有立場，就像是所謂的「牆頭草」，它是沒有想法要倒向那一邊，東風來就西邊倒，北風來就南邊倒，會倒是因為根有抓牢，會回直是因為柔韌的特質，它順應的只是大自然天生的特性；所以「牆頭草」的好壞形容是觀者當下意念的反射，心傷就反應悲，心強就反應柔韌的一面，以前一首民歌：大風起，把頭搖一搖，風停了，又挺直腰——就給人蠻正面評價的。所以「牆頭草」一般會做負面解讀形容，是因為一般人的誤解，變成了普遍的觀念。但是，難道平原上的草就不會兩邊倒嗎？難道平原上的草不管吹東西南北風都只往南倒？

其實只是牆頭草特立在牆頭，目標明顯罷了。草的特性如此，無關乎好壞優劣，看的人的「心境」所賦予的好惡憂喜的情境而已，人要跳脫世俗觀念所賦予的意象是很辛苦的。

就像生活中很多習以為常的觀念、看法、做法、風俗習慣，都是生活中影響你的「框架」，或限制你發展的「桎梏」框框，好壞善惡都有，要擺脫很難，如果能回到源頭去明白它形成的道理，才能跳脫，跳脫就自在了。因為你明白它的原理原則，就不會受限於傳統價值概念，你就能中性看待，重新做出自己的評斷，而找出對自己最有利的做法。

1－4為什麼要靈修？為什麼要修靈？去執破迷，要靠靈的引導

為什麼要靈修？為什麼要修靈？去執破迷，需要靠靈的引導。

為什麼要靈修？為什麼要修靈？一般修行場所沒辦法說出一個道理時，不但不去求理解認知，往往就把責任推給神明，然後用不修神明會懲罰，不修才會身體不好，事業不順，會如何如何？用恐嚇驚嚇的方式要來留住信眾。而一般人遇到事業不順，家庭不和，遇到不如意的事時，總不去檢討本身的作為，去修正處事對待的態度，然後就把責任推給神主牌，推給公媽墳地一樣，把責任推給無形眾生的阻礙所致，那到底有什麼智慧可言？

修行修行，大家都說修行要修心，因為一切都是心的作用，沒有錯，是心的作用，但心的作用是怎樣？為什麼要修？

如果我們把降生的人世間比喻是一個迷宮，心就像是在迷宮中尋找出口的一個個體，迷宮中有七情六慾，有各種人世間的遊戲，剛初生的嬰兒心是純潔如一張白紙，但在迷宮裡必須大量吸收學習，也可能在過程中被汙染破壞，也會在自己的經歷中，試圖建立自己的引導指標，並重複嘗試找到出口的可能；

而能依靠的只有自己碰撞的經驗，還有前人的經驗智慧，但這些人也是同樣還在迷宮中也並未走出迷宮，如果前人經驗不可靠，就會執於自己的經驗認知，所以就會產生「迷跟執」現象。

但是玩過迷宮的都知道，從出口倒著走進來是找到路線最有效最好的方式，但是要在人世間倒著走完人生，這是不可能的。另一走出迷宮的最好的方式，就是要能從迷宮之上俯瞰迷宮全貌，由上指引迷宮中的人往出口的道路方向，所以除了已經開悟走出迷宮者（神尊、佛陀或耶穌）的指引之外，能依靠的就只有「靈」。

所以修行修心為什麼要再修靈，因為靈是無形的，是自在的，它可以超越人身限制，祂以能量的形態存在，可以穿越時空，祂可以上達天聽，也可以指引迷津。

所以通常可以藉由通靈的師兄姐指引，獲得智慧，但這些師兄姐各自也有任務，並無法全程陪你，所以主要還是要靠自己修持，修持就要身心靈並修並進。靈可以在身心之外（獨立於身心之外）給予智慧上的引導協助，可以協助身心做正確的判斷，也可以協助身心做傷痛上的撫平修復。

那要如何修靈？修靈主要是讓靈清明，讓靈接近原始來源的品質，這現象就好像瓶子（容器）裡裝滿了濁水，要排出這個濁水，除非人能整個倒掉，不然只有不斷的灌注清水，讓濁水逐漸稀釋排出，那瓶子裡水的濁度逐漸降低，水不斷替換，終至整個瓶子都變成清水一樣。

這個原理就是為什麼遇宮廟神尊或打坐時會嘔吐／打嗝／打哈欠的道裡一樣。這就表示身心濁度太高，神尊在幫你做替換的動作，所以以後哈欠／打嗝／歐吐太頻繁，不要自以為神尊很眷顧你，要檢討身心濁度為什麼這麼高，生活一陣子就遭受這麼多汙染，是打坐點數不足？修為不夠？還是所處環境太汙濁？還是有其它因素；為什麼這麼容易沾染晦氣濁物。

因此修靈就要常常靜心，也要淨心，常打坐以接受讓靈來調整身心（靈動，天語有時就是在抒發調整）。平常要練習減少身心作用的阻隔，讓靈來引導，也讓靈接受原始靈源的教導，這樣才可以讓靈提升，讓身心得智慧。心靈並進，可以「去執破迷」，不再陷於七情六欲的牽制，真正得到讓人生自在解脫的快樂。

人生真的是苦海嗎？為什麼會是苦海？有人覺得人生都是在考試，其實人生只是來歷練的，歷練了，學會了，考試過了，就多了一樣處理事情的智慧跟能力，當你清楚人生是什麼，各種疑難雜症，反對意見都會處理了，那你就是人生的業務高手，人不把你當神也奇怪了。所以為什麼會苦，因為沒學到智慧和能力。

所以修行到底在修什麼，當然最終是要修成神。只是你的功課是要做幾世再幾世才能達成罷了，所以愉快接受各種考驗，修出智慧，讓靈提升，靈再指導身心走出迷宮，苦後回甘，才是靈修的真正快樂。

1—5什麼是出世？入世？

修行是去找到正確適當解決問題的智慧

修行不是出世與入世的問題，修行是去找到正確適當解決問題的智慧，師姐在問什麼是出世？什麼是入世？

基本上出世、入世這應該是比較佛家的講法，佛家比較有鼓勵信眾出家修行，因為離開塵俗進入寺院，所以有出「世間」的感覺，其實「世」指的就是世間；世間有世間法，這是比較深奧的講法，其實世間法講白一點就是「人際關係法」，你在世間免不了就是要與人接觸，是人就有情感及慾望，所以就必須去面對個人的情感及慾望，相對地所接觸的人也有他的情感跟慾望，在人與人接觸的過程中，難免互相衝突牴觸，所以就必須處理人際關係，而人是最難處理的，所以入世，就是在人群中修好人際關係，這就是很實際的人的修行，因為有人就會有事情，「事」好處理，「情」千變萬化，因人而異。

基本上「入世修行」就是在處理人，自己也是人，別人也是人，如何取得自己與他人的協調跟互相的愉快，能圓滿處理「事」，這就是「入世」。

至於「出世」就是放下人際關係了，放下，很容易說，每個出家眾跟修行人都口口聲聲說放下，但是卻沒辦法真確明白的說明要怎樣才能放下？其實出世真放下了嗎？除非自己遺世獨立，否則到哪裡都有人際關係問題，只是眾跟寡的區別，佛教講「出家」，就是出世，佛家說「遁入空門」，離開社會人群，所以剃髮出家，也就把所有人際關係一次剃掉，所有人都成了「施主」，爸爸媽媽是施主，兄弟姊妹是施主，同學是施主，以前老闆老師都是施主。

剃了髮，也希望剃掉了所有的煩惱，斷了塵世的牽扯，專心修佛，所以稱為出世，但是施主施給你了，你拿什麼去交換這個「施」？如果平白受「施」，那是不是就成了虧欠。其實剃髮出家或是修道人入道觀，斷了複雜的人際關係，能修什麼？把關係簡單化，修的是佛理／道理，如果自己沒有體悟，只能算是知識，是很難將它內化成智慧的。沒有事件發生，智慧是很難修出來的，因為單純化就比較不會有事，沒有事件如何修？沒有事件就沒有需要修正的問題了？

釋迦牟尼佛開悟能給追隨者的是智慧，出家眾接受供養，跟信眾交換的是智慧的引導，但信眾的問題是複雜的人際關係，請問出世沒接觸人／事，又如何給信眾解決問題的智慧，這就是要深思的問題，所以只能教信眾「忍」「再忍」，念佛再念咒，請問智慧在哪裡？

所以修行是要修出解決人生問題的智慧，做不好，解決不了的重新修正，重新執行，不是放軟身段的問題，是正確適當的應對取得解決問題的智慧，不管出世入世都要有這個概念。

修行是去找到正確適當解決問題的智慧，培養處理問題的能力的整個過程。

1-6修行，要怎樣增強自己的能量？

修行，要怎樣增強自己的能量？師姐在問怎樣增加自己能量，能量到底是怎樣一個型態？我們說神尊跟靈的系統是一個能量的系統，無形無質的，怎麼看？怎麼增強？

如果用這樣比喻應該明白點：

我們用「電」來比喻應該洽當一些，我們都知道「電」可以運用，靠電線輸送是電流，靠頻率輸送是電波，但是我們卻都看不到電，那電是怎麼產生？當然先要有發電機，靠水靠火靠核能去推動發電機，但沒有發電機要怎麼有電？

這就要像磁鐵一樣了，靠近有電或有磁力的物品，或是像汽車電瓶沒電了，靠電線引其他電瓶的電過來，電就是一種「能量」的性質，要有發電機要有電源，要有載體，要有導體。

所以要怎樣讓自己能量更強，當然不是自己去摸電線阿，因為神明的能量不是靠我們的電線傳送，要增強自己能量，一個是自己要做發電機，首先要打坐清理自己，讓自己是一部好的機器，有損耗，故障的地方要修復（打坐靈動是靈在幫你修復），然後自體吸收天地之間的能量並做吸收／儲存。

另外就是要去行道助人，就是要做事啦。助人，做事可以增加自己能力，有能力就會有能量，因為能力可以讓你輕鬆去除負面的影響，減少損耗，好好工作賺錢也是增加能量的方式。因為錢本身就是一種能量。

再一個就是做導體跟載體，透過打坐也可以分享神尊的能量，當自己能量俱足就如吸鐵，可以更輕鬆吸收周遭的能量，所以需要去跑靈山會靈，需要打坐蓄積能量。

另一個就是不要虛耗能量，虛耗能量就如貪嗔癡的運作，會耗費大量心神，無謂的爭執，搶奪，言辯都是耗弱能量的事；就是所謂的「燒拍電」（正負極拐到了），「燒拍電」就要趕快修復調整，沒事不要生自己悶氣，有事打坐調整心情，溫和用電才能省電。另外就是不要插手自己能力不足或勉強去做無可挽救的事情或助人。

所以增強能量也要做開源節流的動作，為什麼靈修體質的人容易吸附外靈，原因就在於此。問題是自己還沒辦法去做能量轉換。

其實做正負能量轉換很重要，要去學會放手，學會降低負向思維轉換為正向思維，那就要靠平常打坐修行，培養正心正念了，這就是一個轉念的功夫。另外打坐奉上檀香沉香也很重要，樹木吸收天地靈氣而成長，有它的能量在。所以香火香火，有形的香火也是能量的來源，可以運用。

1－7別人未求救，請勿自以為是去救人……

保護自己能量，也是增強能量的方式。不動心，要忍性……

助人要有智慧與能力，別人未求救，請勿自以為是的去救人。

師姐問：我是在家自修做功課，目前念經、打坐與靈動，因可能是我的靈比較要求吧！去過很多間宮廟至今還沒找到與我有緣的。不過，因我的親友有在宮廟共修，也會靈動，修行時間比我長，但令我擔憂的是，她們只要隨宮廟進香，到廟前就會開始不受控制的靈動，雖她們的動作行為每次都一樣，退靈時還要有人扶，這讓我很不解？依我自己的經驗靈動是可以控制的，她們是不是外靈介入，而且她們其實很誠心在修，但對於修什麼，為何修，先天靈與主神方面卻全然不知？。

請教師兄，這樣到廟會不受控制，豈不是很危險？但她們受自己宮的影響很執著，我該如何幫她們呢？

莫林桑：

對於師姐所說與所判斷是正確的，不是你的靈比較要求，是先天靈靈修的靈就會找到自己適合的場所，因為每間宮廟的任務不同，教導的層級也不同，去到不能讓他成長或靈量不足的地方通常不會留。在先天靈靈修的人跟靈的意識是很清楚的，可以控制自己的動作但不會去干涉，可以控制的是要不要動作，可以跟靈溝通什麼時間什麼場合，適不適合靈動；但動什麼動作則不是人所能預知或控制的，所以靈動不是去控制，而是去熟悉以後然後可以跟祂配合得宜，熟悉了就穩，就會在適當時候去動或不動，而不是學習控制。

像你親友這樣修的是外靈借體的狀況，你要如何幫他們？首先衡量自己能力足不足？再衡量自己有沒有方法讓他們信服？再來是看他們有沒有覺得他們這樣是問題？所以要幫他們，只有先把自己修起來一途，因為他們並不認為外靈借體有什麼問題？甚至還樂在其中，事實上外靈借體，如果也是正神哪倒也無妨，也不見得會有問題，只是成為靈乩而已，所以自己不必杞人憂天，因為並不是每個人都有機緣進入先天靈修行。所以只有先把自己修好，直到你的行事言語足以讓他們信服。

因為他們一直在追求這個區塊，而這些外靈可以滿足他們，目前你是沒辦法說動的，你自己本身的能量也不足，所以要與他們溝通，一個只能等你自己能量俱足；再來就是他們遇到麻煩了求助於你的時候，第三個若你能夠直接接收神明訊息，可以直接點出他們的秘密了，讓他們相信，你才有辦法幫他們，千萬不要貿然去說，要有耐心等，另外自己要勤做功課，等時機，否則會損了自己。

就像我們神尊辦事也是一樣，未求救者不會主動要去救，因為吃力不討好，因為對方並沒有病勢感，也不認為需要旁人來助。更何況如果認為有神靈相助，祂們會認為自有祂們的神尊會助他們，你的煩惱是多餘的。

所以暫時要各修各法，對方沒有求救，千萬記得不要自己伸手去救，等待適當再出手，不動心要忍性，切記！切記！

1—8拜神拜神，到底是在拜什麼神？

拜神拜神—到底是在拜什麼神？

一般人拜神，三五樣水果，幾包餅乾，三炷香一點，神啊，你要保佑我老公不帶小三，小孩功課好，不學壞；神啊，你要保佑我考試上金榜，業績長紅，老闆會加薪；神啊，你要保佑我股票賺錢，做壞事不會被抓到，什麼都求，什麼都拜，什麼都不奇怪。

只會求只會拜，那到底在拜什麼？那真的拜神的投資報酬率這麼好嗎？

每個人都想心想事成，水果餅乾三炷香，小小投資，大大報酬，神明就這麼容易差遣嗎？到底你是神還是桌上不開口的是神？心態上拜神是求神？還是希望控制神，指使神來幫你達成願望呢？

所以一般人拜神，是求神求佛，拜神拜佛，然後，一不如願就「賴神賴佛」，「怪神怪佛」，自己卻「如如不動」，拜完就等結果，不是很奇怪嗎？

那到底拜神是在拜什麼神？要拜什麼神？

那請問神為什麼成為神？行善嗎？善是有立場的耶，它不是真理捏，就像關公，過五關斬了六將，戰場上殺戮不算少，不是說不殺生要慈悲嗎？到底善還是惡？是不是不殺就是善？殺了就是惡？玄天斬妖除魔，是不是也是殺？到底是善還是惡？

所以神為什麼成為神？拜到底在拜什麼？神之所以成為神，是因為它的「精神」是可以效法的，而不是「行善做善事」這麼籠統的定義。是他們的「精神面」是可以效法可以學習，所以是拜「神」不是拜「善」，拜神是要拜祂們的精神；拜關公的忠肝義膽，一心為主的情義為人所敬佩，拜媽祖跟觀音的聞聲救苦，慈悲為懷的精神，玄天收攝自己慾望（蛇龜代表胃與腸是慾望的象徵），斬妖除魔需要善良嗎？善良就不用收妖了，祂需要的是決斷力與魄力，地母則有大地的包容廣納與生養的胸懷。

所以修行人你到底在拜什麼？求神通嗎？跟一般人一樣求財求利求名嗎？還是學一點神明佛菩薩的知識，沽名釣譽？你拜王母娘娘，你拜三清道祖，你拜九天玄女，你拜觀音菩薩，你拜齊天大聖，你知道這些神尊祂們的核心精神嗎？

三清是哪三清？到底要你清什麼？你有在學祂們的核心精神？然後努力去

做到嗎？還是只是在利用祂們？

只是炫耀我是可以通靈的，然後去逞口舌爭辯？請問智慧在哪裡？炫耀通靈通神，你自己的修行在哪裡？神尊跟你一樣態度嗎？你的包容度在哪裡？你的心胸有多寬？你的接受度有多大？所以要修要拜，請先找到你的主靈神尊的「精神」所在，請先找到你要修學的對象的精神所在？然後要去做，不是只在哪邊學在那邊修，重點要行，要做到才是修「行」。不是只有「學修」卻不去「行」。

所以「修行」的精神在那裡？在於能夠跳脫原來的格局？讓自己做出改變調整，重點是「行」，是去學到，去做到神的精神，修的精神是修自己，如果你是想修正別人，想要修正神，那就謝謝了。

當你覺得你比老師還厲害，請問你如何學的進去，當你比神還大而不自覺，請問拜神求神何用？

修的精神是學習，有學習的心、才能虛心接納，才能讓自己心胸壯大，所以拜神拜神，拜的是精神，學的是精神，行的也是祂的精神。

當你做到神的精神，自然有人崇拜你，當你做到神的精神，你的行事作為言行合於神的道理，自然百般行去都順利，「法、財、侶、地」會自然俱足，而且正心正念合道，自然是正財正名正利，誰也拿不走。

所以你何必費盡心機去爭名爭利，就學學神就好。

1-9 一個人要做到放下，真的很難不是嗎？

一個人真的要做到放下，真的很難不是嗎？

放下是需要練習的，一個人要做到放下，真的很難，會難是因為不熟悉「放下」是怎麼一回事？「事」「情」來了，該做的要做，該反映的要反映，這是「順理」成章的事，既然是「事情」，就包含了「事」跟「情」，事好做，情難「瞭」，事有它的理跟脈絡，有理就好「處理」了，「情難瞭」在於「情」是無形無質，變化萬千，它跟著自己的心情起伏，所以七情六慾讓人神魂顛倒，但是「情」真的難瞭嗎？

不會的，只是一般人很難「看得見自己」，應該說沒能力看得見自己，為什麼情不難瞭，因為「情緒」「情緒」，情是有「緒」的，只要找到頭緒，理清楚來就好放下，所以「懂」跟「接受」是很重要的。

懂「情」為什麼起？為什麼落？知道它的道理循環，接受它的起落是必然的，要放下，處理的是自己的情緒，而這情緒是自己可以理解控制的；找出源頭，把時間點拉長，再用短的時間點分割，把它「切段」處理，這樣你就可以找出它的變化點（各個時點的因跟果）。

會放不下是因為把事情跟時間都攪在一起，多個因果時序混為一談或是倒因為果，因此會沒辦法放下，這個是需要練習的，當你靜下心來，把各個因果時間點理清，也懂並接受它的「理所必然」，你的「情緒」就沒有那麼大了，放下也就沒那麼難了。修行是修這個，不是修神通廣大，重點是「練習看見自己」。

註：就像農夫種植一樣，知道影響葡萄收成的各種因素，然後檢討自己有沒有去做，心裡就知道葡萄收成的結果了，當葡萄沒有收成很好時，你只會怪自己沒做好該做的事情，怎麼會去怪葡萄沒長好。

1－10「放下」只是修行想要達到的能力和目的

放下的過程需要懂和理解的智慧

「放下」是一種能力，需要教育和培養，修行只是尋找並累積這種能力的方法和過程而已，很多人問修行最後目的是什麼？大部分的人應該會選擇成仙或成神、成佛，應該不會是要變鬼或魔吧，因為鬼或魔可能不需要修就可以達到，那要怎樣成仙成佛，當然是要無懼無悔，無憂無慮了，能這樣大家就會說「快樂似神仙」，那為什麼不說「快樂似魔鬼」，所以前人的認知，神和仙是快樂的，鬼和魔並不是真正快樂的。

那修行要怎樣才能快樂？

修行的最終目的如果能解構「人及人世間」的關係，當你清楚這個人間迷宮的遊戲規則（內在—七情六慾），又有能力能洞悉迷宮的構造（外在—人際關係），接下來就只剩下增強自己能量這件事了。所以修行還是只能以自己為核心，修自己，「放下」本身就是增強能量的方式和能力之一，但是他又需要其他能力來輔佐，「需要放下」是很多人都看的出來的狀況，隨便比較知心親近的朋友，老師，常接觸的人都看的出來；看容易，要做就有點難度，要放下，要能「理解」和「看得懂」人世間的遊戲，理解和看懂是基本能力，但是很少人能運用。

那先說為什麼會「放不下」？

遇到人事物，搞不清楚要接觸的目的？

遇到人事物，沒有處理的方法和能力？

遇到人事物，自己的思維被牽絆限制？

其實會放不下，只是「心」被侷限住而已，被自己的思維觀念，被道德框架，被外人觀感想法限制住，怕不好意思，怕受傷，怕被笑，怕怕怕，就是受到從小收到的經驗、教育給框住了，所以變成能力受限了，思維受限了，認知受限了，所以就這也不是那也不是。

以婚姻來說，婚前工作能力很強，自己養活自己綽綽有餘，結婚以後，生小孩顧小孩，顧公婆，也沒辦法出去工作，這是歹命的。好命一點的，被當寵物養，養習慣了也沒工作心情跟能力了，忽然有一天，發現男人不可靠，有小三了，跟你說離婚，糟糕了，進退無據，每天愁容滿面，更加強老公要離婚的決心；真離了也哀怨，那為什麼有的人就放得下，有的人放不下？應該說為什麼有的人就有放下的能力？

那要放下的認知，我們分三階段講：

第一階段，沒有處理能力，沒辦法認知沒能力處理，沒辦法放下，這個階段是最煎熬的階段，往往出事的就是在這個階段；要勸也難勸，要說也難說，要擺脫更難，所有的智慧全部歸零，要靠別人的智慧，這要從事情起源開始講，從七情六慾開始理解，從人的關係跟變化說明，慢慢冷卻。

第二階段，可以認知沒能力處理，可以暫時放下，所以可以認知沒能力處理的時候，就已經脫離危險期，這個階段才有智慧去思考下一步怎麼走，才會思考怎樣去建立能力，累積能量（培養能力的階段）。

第三階段，有能力處理了，把事情處理掉了，只剩下一個處理自己的情緒，讓自己活過來，所以要能夠放下，是因為具備了對人世間情慾的了解，對人際關係的了解與洞悉，對處理人事物的能力俱足，能夠處理，有能力處理，才有辦法真正放下。

所以「心」的認知能力很重要，修行是在累積處理事情的智慧，就好比孩子出遠門為什麼放心不下，為什麼害怕男朋友跟其他女生哈拉聊天，為什麼害怕下屬去跟別家公司人員鬼混，就是害怕小孩或自己沒能力處理，員工沒辦法控管，所以才會「放心不下」阿，就好像要被離婚的女人為什麼害怕？經濟能力不足應該是主因，再來感情依賴慣了，如果能訂立2-3年淘未來前夫的金的計畫，或是開始工作重新建立經濟基礎，以拖代戰，有自主經濟能力了，心裏不害怕了，哪有什麼放不下的，會放不下只是自己「認知不夠」，「能力不足」。

為什麼修佛要修放下，其實要放下是要有東西才有放下的問題，你如果什麼都沒有是沒有放下的問題的，釋迦牟尼是因為是太子了，應有盡有，所以祂要示現「捨」跟「放下」，成道後一樣是太子，還是有阿。

所以你想要放下，請你要先有，有了要放下，才是真正的放下。所以要先修「有」，再修「放下」的能力；有感情了再修放下感情；有金錢了再修放下金錢；有能力賺大錢，錢就比較能捨能放，這是一定的道理，你都沒在做事，然後誇口說你都沒做錯事，這是沒道理的。

所以要放下，要先能懂跟理解這個人世間遊戲規則，然後修智慧跟能力，有能力，會解決，什麼都可以放下，那先決條件，是在遇到人事物不愉快的事件時，能夠先把不愉快的「情緒」放下，放下「情緒」才能把智慧跟能力發揮，

所以應該講，要放下，最重要的是先放下情緒，該處理的，也只是情緒問題。

1－11放下與放棄

到底是要放下什麼？放棄什麼？

放下與放棄有一個共同的特質，就是想要放下或放棄的事物，通常都是你能力所不能及，或是你無法管控的，當你無法掌控時，情緒就跑出來了，所以如果能認知是自己能力有所不及，不去追求不去想要，原本也沒什麼事，會有

掙扎，原因就在於「要」，在於「想要」，因為決定「要」了，就自然產生一個「要」的立場，這個立場就產生一個往前推進的動力，促使去做，去追求，這個狀況下，只是站在「太極」的一方，因為這只是因為你要而產生的動能，所以只有在這一方蓄積能量，但沒有一個出口，除非能連結推動太極的另一方（相對的一方），但是通常會產生放下或放棄的念頭，一般都是沒辦法取得與相對方的共識所產生，如果相對兩方都有「要」的共識，其實是沒有放下跟放棄的問題的，所以我們講「人間太極」（後續會有說明），主要是講相對雙方的共識與和諧，而不是只有自己一方的滿足。

因為相對方存在是不爭的事實，你有立場，就會有相對的立場，所以為什麼要去了解或接受相對方，是為了盡量符合雙方的需求，取得平衡，而不是只在自己的想法需求上打轉，要做的是去體會理解對方的立場，然後在雙方立場中先取得「暫時的平衡」，當能運轉下去時，再逐次修正這個平衡，但是很多人就是想「一次到位」，計畫周詳了才要去做，有把握了才要去做，而忽略了逐次修正的潤滑度與重要性。

至於放下與放棄有什麼差別，應該只是層次上的差別而已，放下是暫時，是了解認知到目前做不到，所以不去處理，心中還存希望，可以等到自己能力足夠時想要做再把它做好。放棄則是已認知在有生之年是做不到，所以決定不去做他了。但通常兩者之間會有輪換的狀況，或是說放下時並無法真正放下，而放棄了有時還會升起一絲希望。那到底放下跟放棄到底是要放什麼？有人說是放下相對方的人事物，有人說是放下「心」，這都很籠統，其實真正要放下或放棄的只有兩種東西，一種是「立場」，一種是「情緒」，因為有立場時，就會對其他立場產生排斥，在自己立場沒辦法達到目的時，各種情緒因運而生；又因情緒關係，影響自己立場的堅持度，所以認知「人間太極」裡，各種立場是並生並存的，要消滅其他立場，也就是消滅自己的立場（因為沒有相對方就沒有所謂的立場問題了），所以就是認知在各立場中取得和諧的平衡，並不斷在運轉中修正平衡，立場就會不明顯，而以雙贏為立場時，其實是符合雙方的「要」的。

所以立場是用來修正的，不是用來堅持的，當你兼容並蓄，容許其他立場存在時，就不會執著，不會堅持，也就沒有所謂放下或放棄的問題。

1—12修行從「尊重」做起

修行法門解構：修行無定則，法門萬千，弱水三千，也只一瓢飲。

修行的法門萬千，所以修行變得很深奧，很辛苦，深奧的是把「修行」變成做學問，變成學修而不是修行了，人世間的學問已經學不完，還要去學未知空間的學問，會辛苦是因為打算所有的學問都想去學，再加上文字使用的方式與意義難以理解，要花很多時間去解字，所以整個「道／理」都變的深奧難解，再加上宗教的神祕色彩，更讓人覺得難如登天。

所以修行要怎樣進入，首先你要確立自己當初為什麼想修行，這是所謂的「初衷」；想登極樂世界佛國，想上天堂，想跟神明交往，想得道；還是別人跟你介紹什麼你很想要得到，自己想要什麼，就明確目標就好，然後就去了解就去做，依照可以達到那個境界的方法去做就好。

白話講應該可以比較明白，如果我們把各個宗教的目的地，就當成「渡假民宿」好了，佛教的旅遊指南，介紹了「西方極樂世界」這個轉運站，跟「佛國」這個民宿，詳細介紹了有什麼住宿／遊樂設施，服務人員多親切，有什麼好的景點，所有的享受都是「金」字級。那基督天主就介紹「天堂」「天國」這個民宿；回教就介紹「真主阿拉身邊」這個天堂民宿；道教就介紹了「凌霄寶殿」「天庭」這個民宿，各種民宿都介紹的極盡美好，無非是想招呼你來這個民宿居住。

然後各個法門就好像「交通導引」「旅遊指南」，引導你要搭什麼交通工具，從什麼路線過來，要在哪個交叉路口轉彎，走多久，幾分鐘就可以到達一樣；但是這個民宿是只有少數人去過的，因為說要去的人都沒有原樣回來，到底是不是像介紹的這樣的，無從得知。所以介紹的法門是否真的能到達民宿，你只有多方詢問，多方探求，實際去走訪看看；或是看過眾多路線圖後，選擇你最喜歡最適合的路線去走，而這些法門的主持者，只不過是民宿的導遊或是介紹人，看攬客能力強或弱，能不能獲得認同而已。所以修行怎麼修？真的很難，因為這些民宿都在私人景點，唯一可以明確的就是：阿彌陀佛為了「解脫生老病死」之苦，用打坐悟道的方式到了佛國；老子了悟「無為」之道，騎牛而去，不知所終；所以道家是一個很不羈的宗派，（西方的我不懂不了解，所以無法寫）。

所以能修成的方式是什麼？就是一個「目的、願力」，佛陀是要解脫生老病苦，你的目的呢？一個了悟，靠的是「悟」，後來禪宗希望透過參禪了悟來成佛，就有點回到釋迦牟尼的方式了。

那到底修行要怎麼修？

各家門派都有不同，都信誓旦旦告訴你他的方法可以到，他們真的可以到嗎？其實也都有可能到，你又怎知他們不能到？

所以修行應該從「尊重」開始，開闊接納，擇己所適，應該是「尊重」各個法門的修行方式，各個法門只有適不適合自己的條件而已，沒有好壞優劣，只有「適不適合」。所以你要「尊重」自己的初衷，是要到佛國享樂，還是到天國享受，還是要道家的飄然自在；明白自己初衷，目標明確，在修行路上就可以隨時調整，其實也有很多人也是多方接觸後才定下來，也無不可。

選擇適合自己的方式與法門而已。

所以修行無定則，法門萬千，弱水三千，也只一瓢飲。修行路是開闊的，要的是到達目的地，不是堅持用什麼方式走；比如從台中上台北，你可以搭高鐵，可以搭台鐵，可以搭統聯，有伴一起，也可以自己開車走國道，也可以走省道邊走邊玩，當然也沒人反對你騎機車或自行車，自行車騎累了，換搭火車也可以啊，重點目的是到台北阿，不是用什麼方式到台北阿，阿有人就花不起坐高鐵的費用阿。所以尊重各人的「途合」就好。

修行主要是要「目的明確」，不是堅持方式，方式是可以調整的。

所以「尊重」他人修行方式，開闊自己的心胸視野是必要的，再來「尊重」自己的「初衷」，用以檢測修正自己的修行路，可以開闊接納各種方式，隨時調整，但是重點就是要「做」，要「行」，做了再說，做了再修，修了再做，就像胖和尚跟瘦和尚都要去取經，瘦和尚說了就去做，胖和尚只停留在準備跟計劃中一樣。不要想說一次到達定位，一次到達定位就沒有修正的空間了，勇敢嘗試錯誤，有錯誤才會有修正的契機。

也要「尊重」逆境所帶來的修正契機，累積智慧。

1—13家中沒有安神，可以靜坐嗎？

太多人對在家中靜坐感到無所適從，有的說不好，有的說不行，又有人鼓勵在家靜坐就好，但家裡要供奉神尊又有不方便之處，而一般宮廟給外界信者的印象並不是很正面，信者也很難找到可以信賴的地方，而現在神尊也都鼓勵修行人在家自修；因為既有打坐的需求，但無法常常跑到外面宮廟靜坐，也怕在宮廟中受騙受害又苦於家中並未供奉神尊，耽誤了做功課。

所以特別請示神尊，並跟神尊確認了之前告訴大家的「在家靜坐」的作法，提供給大家參考：

家中沒有安神的「靜坐」處理及注意事項：

一、將家中整理清靜，將雜物清除，尤其是要用來靜坐的那個區塊。（主要是尊重自己的靈，要敬天敬地）

二、準備環狀盤香（小盤或微盤即可）或是香塔（或其他單一柱狀香品），或沉檀粉及盤香座。

三、心要無旁騖，要清除雜念，可以頌心經，大悲咒，或唸佛號（讓心專注，不亂想、不念也可以，心能靜就好）。或是聽佛道／心靈音樂（也是讓心專注）。

四、不要燒立香，尤其是不要點三柱香。

五、不能點蠟燭。

六、呼請自己的先天靈及靈源主神守護，教導功課。（呼請：弟子某某某之先天靈及靈源主神守護）

以上提供有在家靜坐需求的師兄姐參考。

其實家中安神並不需要像以前一樣制式化，各種香案神桌燭火等等一堆，只要一個清靜地方，可以很創意的擺設，變成家中裝潢的一部分也可以，但是強調靈修的修行者要供俸的是自己先天靈靈源主神，等於是自己先天靈來享受香火，而不求神拜神請其他神尊分靈回來保佑，這是先天靈修供神與一般拜拜安神不太一樣的地方。

安神可以只是一個小小地方，矮桌也可，不必定像以前規規矩矩，因為是「修自己」，適合自己的格調，清靜幽雅簡單自在就好。

1—14神明考試，是要讓你學會，不是要讓你崩潰

魔考？神考？還是自己考自己？（神明考試，是要讓你學會，不是要讓你崩潰）

魔考？魔考？是要修魔嗎？為什麼是魔來考？神考？是神要考嗎？考試為什麼會痛苦？修行是人的事，但是開宮辦事就關乎神的事了，開宮辦事常被修行人跟修行連結在一起，實際上，修行是人的事，要不要修，修什麼項目，取決在人。

就像你要學什麼？要具備什麼能力，要考什麼證照是你自己決定，你可以功夫先學起來，證照考了不用，你有能力了，要工作的形式是很多種的。你可以是個人兼職，可以開個人工作室，可以開公司或是到公司上班，都可以配合，也不是一定非要自己開公司或到公司上班不可，只要有能力，其實工作方式是可以協調的，重要的是業績。

只是你必須具備的能力你一定要修起來，所以辦事是免不了的，沒有業績就沒有存活的本錢，只是辦事形式不是只有開宮才算是辦事。（這個可以參

考：「修行—是不是一定要辦事」這一篇）

但當你要開宮辦事時，就一定關神明的事了，你一定要具備所要辦的事的證照，你具備什麼能力，讓你辦什麼事，要你辦什麼事，也會給你辦這些事的能力跟權力。就像公司用人一樣，你有什麼能力安插什麼職位，然後給你辦事所需的資源跟調度的權力；有的是通才，招進公司後再個別施予技能的教育訓練，考核是免不了，但是考核是要你學會，不是要你崩潰。教會你才是神明的目的，學不會自己要檢討，是不是不夠專心？是不是投入度不夠？還是學習方式／學習態度要調整？

所以「魔考、魔考」為什麼魔來考？「魔」不過是神明的助手而已，就像細菌病毒是醫生的得力助手一樣，但是是「細菌還是疫苗」，完全是看人運用，所以魔是助力還是摧毀的力量？其實只是人「不願意對自己負責」的一種說詞，推給魔；或是老師不知道如何處理所用的推託之詞，就說是魔來考。

其實要成神很難，要入魔就容易太多了，但為什麼只是考，卻不入魔，因為不是魔來考阿，只是在「磨」你而已，磨磨磨，早甘願早輕鬆。

那到底是神在磨你考你，還是你不覺悟而自己在磨自己，其實只是神明在提醒你啊，神明可以溝通協調的，神明不是魔（黑）道阿，會逼債逼到你跳樓嗎？只是神明在提醒你走這條路是有問題的，該轉彎了，該回頭了，該走回正道了，如此而已。

就像本來指引了一條路給你，本來是兩線道要接四線道可以上國道，你偏不走，你看旁邊路筆直開闊就開進去了，誰知路越來越小，本來給你幾塊石頭顛跛一下提醒你，你一樣不轉彎不回頭，再來就坑坑洞洞了，再不覺醒就變石頭路爛泥路來提醒你了，只是你自己太自信，非得走到懸崖邊你才甘願，那這到底是你在考驗自己，還是神明在考你。就像公司叫你待你不待，偏說要自己到外面闖盪闖蕩，可以啊，自己去闖，公司無形中派人護著你，但不介入你的事，只是偶而提醒點醒你一下罷了；自己走累了辛苦了，受傷了，你卻要怪是公司阻礙你，要你回去，沒道理阿。

所以要回過頭來省思一下，「修正」一下自己的思維跟行事態度以後再走下去，這才是修自己，要謙虛坦白的面對自己的問題，找出解決的方法，修正態度，再去執行看看能否行得通；就像所有的遊戲設計一樣，遊戲的設計就是要讓你破關，一定過得了關，也會有過關密笈，就像超級瑪莉，該上天梯的就上天梯，該進地道就進地道，該吃香菇就吃香菇，一路的金幣是源源不絕，（道財早就準備好給你，而且充足的），只是你怎麼去拿，結果你不按密笈走又不請教別人，一昧地衝衝衝，過不了關不改其他路線，不增強能力，同樣一種方式一直撞，撞到頭破血流，然後再來說是「魔考、神考」，這是非常不負責任的。這不是什麼考，這叫做「智慧不足」，一直擔心害怕要辦事，所以一直閃避一直躲，不是這樣阿，你要去轉彎啊，找到你可以配合辦事的方法阿，公司要的是業績，不是你人一定要到公司來，有些工作是可以在家做的，把資材、輔助工具準備好就可以了。

所以捏，修行是必要的，修讓自己的「靈清心自在」，修讓自己的智慧打開，可以快樂，會處理事，可以快樂的處理感情；所有的磨難都是因為自己不接受所招來，調整心情愉快地接受並去做，就不會有磨考。

至於神明考試是怎麼考？你談戀愛了，失戀了，痛苦了，你要去檢討為什麼失戀，是相對待方式有問題？還是依賴心態太重？去學會怎麼修正。神尊會再給你一個戀人來，你有沒有辦法去處理好戀愛的事，沒有辦法，再讓你失戀，再讓你痛苦一次；終於有一天你知道了，戀人相處不是只想要求自己得到滿足，也要顧慮到對方的需求，是兩人之間需求的平衡，這樣你才能享受戀愛的美好。比如你去工作，結果疏忽散漫，業績不好，被開除了，會痛苦，再給你一個工作，如果你不檢討，一樣怠惰散漫，就再讓你失業一次。開公司也是一樣，管理不好，對員工不好，不誠信，就讓你經營不善；如果不會修正檢討，那就讓你倒閉。如果醒悟了，知道檢討管理制度，福利制度，改變對待態度，那你就考過了，事業順順利利。

所以考試為什麼痛苦？是因為不會阿，因為處理能力不足，因此產生痛苦的結果。所以考試，是要讓你學會，提醒你什麼地方沒學到，沒學會，要去檢討改正，這就是真正的修行。

修人世間「事」跟「情」處理的智慧，在日常生活中可以快樂的實行。

如何檢測修行正不正確很簡單，在一個地方越修越快樂、越自在才是修行的目的；如果越修越痛苦壓力越大，就要離開了，不如不要修。

1–15 錯過、錯過—錯了就要讓他過，不要為難自己

錯過，錯了就要讓他過。經常聽朋友說：「錯過什麼人」，「錯過什麼事」，錯過，錯過，錯過。

錯，其實只是當下沒有對而已，過了那個當下也不一定錯，地點沒有對，火車到了，人還沒到車站；時間沒有對，火車已經過站了，人才到車站；所以當下是「錯」了。但是，「錯」有那麼可悲嗎？其實也沒有，多花一些錢或多花一些時間，等下一班了。上了車就對了。既然「錯」了，就讓他「過了」，過了就是下一個新的開始，不讓他過，不去換票，就一直卡在哪裡。

所以「錯過」「錯過」，為什麼錯過，是你覺得不對，可以故意讓他錯過，因為知道已經是錯的，所以讓他錯過，不得已已經錯了，檢討一下也要讓他過，其實就怕自己心裡過不去。

可以錯／可以過，也是一種幸福，不要為難自己。

第貳章：靈修—走在有我、無我的分界線上

修心修靈就是要從有形走入無形
心靈越高越廣，就越不受限
就會越無形

2-1無極道的修行概念

（無極圖）

有師姐提及以前在夢中看到這個無極圖，基本上，這個圖的概念來自於「無極老祖」（無極至尊），主要說明「無極道」的修行概念，一般宮廟可以看到的大都是太極或太極加八卦，也看過太極分成三等份三顏色的，都各有其要闡述的理念，而這個無極圖，則是依我所領悟無極至尊示現無盡的太極與無盡的無極的概念設計出來的，原意就是要表達「無極」（沒有邊界）的概念，因為「無極道」是其小無內，有無限太極向內一直延伸，其大無外，有無盡的太極向外一直擴展，由無數個太極及太極之上的無數個無極所組成，是太極內有更無盡的太極，太極外也有無盡的太極，每個大太極都是其內小太極的「無極」，無限向內向外延伸而成無極之境。

宇宙就是一個無盡無極的狀態，比如人本身就是無數個太極組成，一般人的太極概念是對立的，是「是非、善惡、好壞」分明的；事實上並不然，太極是一個動態平衡。有人說我們肉體就是一個宇宙縮影，是有道理的，因為人體就是無數個太極運作而成，如血管有動脈／有靜脈，心臟，肺，腎，腦，肢體，都分左右，事實上都是一個個太極，因為平衡運作而成人，如果失衡了，就可能產生病變，而在小太極之外都還有主控中心，這個中心就是無極的狀態，他是「宏觀調控」太極的運作。社會體制也是一樣，體制內也是黑白是非善惡混雜而成，「獨陽不長、獨陰不生」，若全部都是警察而無盜匪，則警察亦無存在的理由，黑道猖狂到極致，只好來個大掃黑，這個警匪關係是一個太極，但是警察是警察，黑道是黑道，黑白分明嗎？不是的，所以有線民，有臥底，有無間道，各有其生存之道。而這個太極的「無極」是什麼？就是國家的法律，就是法務部，所有的運作管理主要是要維持一個太極的「平衡」。

所以太極的演成並非「靜止不動」或「黑白分明」，他是兩股動態的力量，互相推動牽引而成，所以在主體之外有拖一個尾巴（好像彗星），它也不是中切兩半，而是黑入白，白入黑，黑中白，白中黑，而它的邊際線是模糊的，所以衍生這個「無極道」的圖像。因為宇宙主要是氣的運作（能量的運轉），所以黑白、善惡、是非，是代表互相制衡是兩股力量的動態運行，成為有形世界本身及與宇宙間的動態平衡，因為宇宙不是黑白分明，所以模糊其界線，有混沌之意；黑中有白，白中有黑，各自運作又互相牽扯，互相制衡，大太極（大團體、大集合）內有小太極（小團體、小集合）各有模糊地帶，各自為自己團體運作又需與其他團體取得協調以維持平衡，這個就是太極／無極的真實意義。

每個對立狀態的運行都是一個太極，對立僵住就無法前進，所以在太極之上都有一個制衡與仲裁的力量，以確保太極運轉及前進，這個力量就是這個太極的無極。這個就是理解宇宙運行的道理，得到人生修持所要認知的道理。

無極圖呈現的就是人世間各種關係的對應狀態，以無極概念看待並認識人生，以得到處理生活境遇的智慧。

2—2法自然／修自己／行無極

世間法—是人與人相處的規範，有限制跟強迫的意味在，所以就會有很多的戒律，戒就是界，有區隔，界限的意涵，所以超過界限就要「戒」；律就是規律條文就是法，對於越界或不在界內的的行為則施以懲罰，目的在守，在規範。

至於法自然，當然是以自然為規範囉，了解事物道理的必然法則，或是形成「戒規」的原理原則，就不會有受限的感覺，「樂於接受」與「受約束而接受」是有區別的，所以要在自然之中與世間法之間做一個和諧，達到「不戒之戒」的效果；理解「戒」之所以為「戒」與「無戒」的心情。

修自己就很好講，但很難做，因為眼睛都看不到自己，不知道自己在做什麼就很自然了，話是從自己嘴巴講出來，也很難說給自己聽，所以看別人做錯，說別人做錯也就很簡單了，你指正別人，是不是要別人修正，希望別人更好，但是為什麼別人指正你就叫批評，而不是希望你修正，所以別人指正你你接不接受？修不修？修自己，要換「心」。

把往外躍動的心收服回來靜下來看自己。

行無極就要了解人間太極及無極之間的關係，在既有立場上跳脫自己的立場，以宏觀的態度接受人生所遇到種種的磨難與喜悅，修心量的寬廣度與接受度，以看待的心情對待人事物，少了批評，多了讚美與接受，讓人生不再紛擾而多了無限自在。

2-3養身／理氣／修心／啟靈

這是靈修修行的四大要務，也是無極道修行主要傳道的理念，一般都知道要修「身心靈」，但要怎樣修，就眾說紛紜，莫衷一是；其實不管怎樣修都可以，法門千萬，找到適合你自己走的路就行了，走錯了就回頭再換而已，重新來過，沒什麼不可以，沒有人規定你一次要到定位，用輕鬆愉快的心情到處體驗就好，直到找到一條你可以輕鬆自在，沒有壓力的修行路。

那除了身心靈之外，其實在身心之間，應該還有一道所謂的「氣」，養身／修心需要撫順那道氣，才不會岔氣或氣結。啟靈是開啟你「先天靈」的知覺，讓你在人／靈之間做一個統合，這是要身心靈合一必須要做的一個先決要件，有些團體說是「認主」。

「啟靈」就是要「醒靈」讓靈覺醒，理解人身的使命，進而協助靈來完成使命，也就是開啟先天的智慧，吸收人生歷練的經驗轉化成新的生活智慧，學會操作與生俱來的情慾、個性，然後可以真正離俗得自在。

簡單操作，快樂修行是—「無極至尊」對弟子的期許。

養身／理氣／修心／啟靈——是玉玄宮快樂修自己的工作與要件，要傳達的是：

「每個人做好自己，修好自己，全世界就會非常美好」，所以真的是別人快樂，你就快樂了嗎？其實不然，自己快樂了？你才會有感染的能力，讓周邊的人都快樂。

如果說你解救了別人的苦，卻讓自己很苦，那世間仍舊有一個很苦的人，只是角色替換掉了，換成苦的是你，世界也不會美好，因為最後還有一個苦的人，每個人都這樣想，那最後是大家都苦，都忘了救自己。

如果每個人都愛自己，都把自己變快樂了，整個世界就是快樂的。

2-4助人只是在累積自己的功果，不能強要別人接受

對廣欽老和尚談「別人的是非善惡與你何干？」的看法

看「忍辱與苦行」的心得：助人只是在累積自己的功果，不能強要別人接受。感覺上，好像修行很自私，不去幫別人；事實上，修行就是很自己的，很自私的，自私到你所有的修行功果就只能自己得到，你去幫別人，只是在修自己的功果，受不受惠個人認知有別，所以不能強要別人接受，這是自己要認知的。

你只能用你的心念、言行、品德去做到一個讓人有感覺的境地，然後是別人受你影響，而不是你去影響別人，所有別人的獲得都是別人自己願意接受時才有，接受的主導權都在別人手上，不在你自己身上或別人認為你修的多好，你只能主導你自己。所以只能一再提醒自己不要做「啄木鳥人」，當你自己都還沒修好，你拿什麼標準去衡量別人的是非善惡，佛祖的話？大師的話？師父的話？還是經典？當你自己都沒有做到，你根本沒辦法體會「做」的精髓，你能拿什麼去跟人分享？別人會接受你的意見嗎？

老和尚提醒的只是讓你「尊重別人的獨立地位」，「忍辱」是前面一個「忍」，是忍住不去因別人的是非善惡而起任何心念，後面一個「辱」，就是你前面忍住了對別人批評/教導，就不會「自取其辱」了。

別人的是非善惡只是給你的借鏡，不是要你去介入，去評斷，去指正，是要你當鏡子修正自己用的，所以接受別人的任何言行舉止，別人是一個獨立個體，有他生長的環境連結養成他的思維觀念，所以喜怒哀樂都是他自己承受，你沒有資格或權利去干涉，所以你如果「自取其辱」了還不能忍，那真需要再一個「當頭棒喝」了。

所以老和尚說修「苦行」，不是只是身體勞動的苦，心念上的收束，對別人尊重，不強加自己看法於他人，接受各種事件發生的事實的能力培養，可以打破順逆境的分別心，這是修心上的苦行。也是讓自己心境更開闊，讓自己可以「離苦得樂」的人間修行。

2－5走修行路的人，一切都很不順嗎？

為什麼走修行路的人，不是離婚，就是感情事業，一切都很不順？

師姐這樣問，實在是很為難的問題，為什麼走修行路的人，不是離婚，就是感情，事業一切都很不順？難道修行路真的這麼苦，這麼難走？

其實所有的修行，都是希望能自在快樂，所以佛教講「離苦得樂」，希望往生西方極樂世界；天主教基督教則希望到達天堂，道教則希望能成仙成神，能自在逍遙。但是卻又告訴所有的信眾，人生是苦，人是罪人，一切修行都是寄望死後能得到快樂，寄望來生不要再生而為人，不再受苦。其實不管佛道，都說心是主宰，心可以轉境，卻沒有哪位高僧大德有說到，心念轉正向，當下即是極樂世界即是天堂，如果大家轉心念，以人生為樂，那麼操作的方式及結果絕對可以改變：比如說出遊遇大雨，心境很懊惱遺憾而口角，轉念出遊是要快樂，口角已經跟本意相違背，應該就可以提醒自己轉變態度了。

其實，人生本來就是可以快樂的，但是因為人生沒有「操作手冊」，像我們買車，買電器，買3C產品，都有附上各國語言的操作說明，唯獨人生是沒有操作手冊的；但是我們卻明確知道也同意這個目的：那就是人生是要「得到快樂」，快樂這個目的，並不必須是附帶於宗教的，一般人沒信教，一樣知道要追求快樂，你要談情說愛，你要結婚，你要追求財富，發展事業，你要去旅遊，去參加演唱會，晚會，慶祝活動等等，主要目的無非是要追求快樂，應該不會有人是為了讓自己或對方痛苦才去結婚交往的吧；但是因為追求快樂沒有標準作業流程，沒有操作說明手冊，有的因為追求快樂卻沒辦法達到目的，甚至產生後遺症，其實都是因為經驗不足，操作發生問題所致，所以不管宗教或是一般民間教育，學術研究，都希望能提供各種「操作方法」來補充這個人生手冊，因此有三萬四千法門或八萬四千法門；天主教基督教則簡而化之—信耶穌得永生，簡單易行，所以耶穌的聚會都比較輕鬆愉快，佛道則比較嚴肅，規矩很多，那是因為操作不好，才要重新學習操作。

那是不是走修行路的人，都比較會有婚姻、感情、事業不順的問題，其實不然，沒走修行路的人一樣都有這些問題。

因為婚姻、事業、感情一樣都是「沒有操作手冊」，加上「人」是沒辦法做「品質保證」的，在這種不但沒有「操作手冊」，也沒有「品質保證」的狀況下，人心會變，人身也會變，所以人是沒辦法掌握的，交往了，結婚了，做事業了，有的操作的好，一直成長，有的人操作不好，沒有進步，身材變形，心胸不變，結果人的相處，事業發展就產生問題了。

因為有問題，才會想去找到解決問題的方法，這是因為問題產生了，才想要去修正，去更新操作程序，如果說修行的人會產生這些問題，其實是「倒果為因」的現象，是因為有問題了，才想到要修行，而不是修行了，才產生問題；大家其實都沒有想到，這些事情應該都要有「允許退換貨」機制的，事實上「退換貨制度」也都是進行式，分手，離婚，公司倒閉，都是在做「退換貨」的手續，是大家不願意去承認而已，大家都想一次性消費，一次到位，這是傳統教育觀念的影響，一個是所有權的觀念，一個是想要擁有控制權的概念，如果大家都有「允許退換貨」的概念，我想對自己品質的要求應該會更高一點，因為如果品質沒有維持就會被退換貨了，能不謹慎嗎？

所以被退換貨了而進入修行領域，其實是有心做「品質改良」或是做「程式更新」的，就像回廠維修升級一樣，常聽人說：下一個女（男）人會更好，如果自己沒有更好，如何吸引更好的下一個呢？物以類聚，互相吸引的阿。

所以建立正確的心態，隨時修正自己，隨時提醒自己一個要快樂的初心，想要操作錯誤的機會就可以大大減少，修行是因為操作不好才要修正自己，並不是因為修行才操作不好，如果是這樣，那修行的意義就要重新建立了。

2－6人生就是一場「開放討論」（OpenBook）的考試

生命是一個歷程，時間是一道流，生活是一道道的考題，目的是要你學會。

有個朋友，小時候被長輩家暴了，造成一個心理陰影，長大後被人下藥侵害了，因處理不當，反而要面臨官司問題，這看起來相當不合理，會問世間哪有什麼是非公理？

沒有錯啦，好像沒什麼是非公理，但是一般人都以為是非公理是天降下來的，其實「是非公理」是相對的，是你要去爭取，經過評斷後才有的；但一般人都在那裏等別人或是老天給他「是非公理」，尤其是女性同胞，對自己遭受的不合理遭遇，常常用「隱忍」的方式，期待哪天老天爺能長眼睛，這種還常常被誇有「婦德」？尤其是傳統家庭婚姻暴力（包含言語行為武力及漠視）的陰影。其實，這真的是傳統教育下「被灌輸的觀念及認知」，它的前提是「威權」及「男權」，是儒家尊王及男系社會為主的思維所造成的概念，所以貞節牌坊、裹小腳、處女情結、無非都是男性無能，然後利用社會資源教育並鞏固男權的產物，尤其是「貞節烈女」概念，害慘多少女性，為什麼沒有人提倡男性也要貞節？這種男權無限擴張強調貞操的概念，結果因被逼被迫而失貞的女性，背負莫須有的罪累而結束生命或鬱鬱終生，真的才是男性同胞的原罪，所以女性同胞真的很辛苦，除了自己的心結之外，還要面對社會觀點，要突破很難，心理建設要很強，因為要面對的是中國的儒家沙文主義情結。

不過話說回來，公理正義真的要自己爭取，所以法律也訂有「公訴」跟「告訴乃論」的區別，這是一回事，但對「靈」來到人世間修行來講，生命就是一個歷程，生活就是時間的一道流—生命之流，不管5年10年，50年80年，他就像是一道時間的河流，當你處在當下時，或許遇到激流，或許像瀑布一樣墜落，或是急彎，你會覺得湍急壓迫，但是就是會過；所以你把時間攤開來，拉成長長的一段，當你一小段一小段看時，你都會驚嘆，怎麼都這麼驚險；小學時考試都不及格被人家笑，大學聯考考不上只好去做工，嫁了個老公賭博喝酒又家暴，工作又被老闆罵，1年換24個頭家，但是當你能回頭看時，又覺得都可以挺過去了。所以面對當下往前看，目前這一段，又何嘗不是以後讚嘆自己為什麼能過關的驚嘆號。

人生下來，就像面對一張考試卷，這場考試還是一場開放討論「OpenBook」的考試，你可以請教老師，可以翻書找答案，甚至可以上雲端（無形師／神尊）尋求幫助，這場考試主要都是「選擇題」，也有很多增加養份的是非題跟送分題，偶而會有「申論題」跟「術科」考試，這都很正常，而且這場考試還可以開放討論，對於這樣的考試方式，為什麼你遇到一個難題就想放棄？應該是翻書，請教，蒐尋找答案才對啊，為什麼是想放棄？找答案的過程就是你成長歷練的過程，也就是找出自己能接受的「是非公理」的過程，你現在放棄了，靈帶著這樣的疑惑或傷害離開，下世再生時，這疑惑跟傷害還是在的，反而成為下世的先天病徵，到時候還要請靈媒查前世病因，不是多此一舉嗎？

今生冤結今生了，就不會有冤親債主了，前世的冤親債主最好也要能今生了，所以都要去面對，去處理，所以要解答就要改變對生命及生活的認知，因為從小你被教育認為理所當然的事，也有很多都是病毒程式，考試是自己去學會去掃毒解毒，要學習要討論，不是一直跟老師要解答，要去享受解題過程中「會心一笑」的樂趣。

2-7從「有我」中走到「無我」——

在有我中走到無我？從有我中走到無我，怎麼走？那就要先界定一下什麼是「我」，「我」的存在，是因為有相對應的關係存在才會產生，沒有你，沒有他，就不會有「我」的問題，如果一個人出生就把他放到叢林中獨自生活，或是就隔離了不與人群接觸，請問會有「我」這個概念的存在嗎？就只有什麼事，怎麼處理的問題了。

所以「我」這個概念名詞的存在，是因為人際關係區隔的需要而存在的名詞，但是即使沒有人際關係的因素，「我」其實仍是存在，這個沒有對應關係的存在的我，才是真正的我，是「心」「靈」作用產生的覺知，所產生有意識行為的我，有意識行為的我是一個「有形」的我，會有「可見的」外在的行為表現，而這個表現其實主導的是另一個「相對無形」的「我」，就是看不見的「心的思維」所主導，也可以說是「精神層面」的我，但要真正深究，「身」執行的是「心」的意念想法，所以心跟身是可以說是「有形的」「一體的」表現。

但是只要有形就會有侷限，所以要進入無形才可以真正超越限制，要說真正無形的我，只能說是「靈」的我，但對靈來說，祂只是存在，並沒有所謂「我」的問題，祂只是「單純」的存在，沒有所謂意識下的行為，所以會比較「無跡可尋」，所以「有我」「無我」的區別，只是意識下的動作與非意識下的動作的區別，也就是有「心」的作用跟沒有「心」的作用區別。

所以要怎樣從「有我走到無我」，一個就是人間太極所說，接受相對方存在，因為接受相對方存在，你的考量會涵括對方，就不會單純在自我概念下打算，太極的層級越高，涵蓋的範圍會越廣，思考層次會越高越容易接受其他概念，最後會無限包容，會進入無思維無刻意做作的思考。另一個就是對事物了解跟操作的純熟度的問題，當你開始做一件事時，從學習／練習／到爐火純青，這件事就會從要思考，要理解，要接受，到最後是可以不假思索的去做。

就像學數學，你要從九九乘法表背起，再來就是無數的公式，再來就是解題練習，無數的演練，到最後看到問題就大概知道答案；就像數學家，還需要刻意去拿哪個公式來套哪個題目嗎？就像你剛被教育要「日行一善」，剛開始會刻意去找那一善，後來遇到需要幫助的你就會想到去幫她，還會記住今天日行一善或幾善嗎？到最後就是伸手自然去做，你也不會想到是不是在行善，有沒有善或日行幾善，就是遇到了去做而已。

所以什麼是神？數學家是不是很神？大衛魔術師是不是很神？賭神是不是很神？他還需要想到怎麼發第二張牌嗎？那個已經是自然動作了，想都不用想了，所以從有形走到無形，只是不斷的學習，不斷的練習操作，所以佛跟神明都只是累世不斷的學習練習，經歷各種事物去體會理解，找出解決問題的各種答案，接受各種磨難的到來，深刻體悟歷練後找出解決的方法，所以現在祂可以幫你解決任何問題，因為他是無限的接受，無限的理解，超越了形體的限制。他的理解接受是跨越時間空間的，所以可穿越時空為你找到答案，修心修靈，就是從有形走到無形的過程，就是不斷的接受，不斷的做。

心量越高越廣就越不受限，就會越無形。

2—8靈跟人的「因果」關係

看看「冤親債主」的緣來……

對於最近看到也有師兄姐在問「冤親債主」的問題，所以說明一下靈與人的關係，可能比較能理解接受。靈能轉世，最廣為人接受以及被證明的就是西藏喇嘛的「轉世靈童」，佛教的「乘願」再來以及往生西方的說法也能說明一些，佛教承認有靈，但只著重在心的修持，其實心的修持，也是修靈的一個重要部分，因為靈藉著肉身的接觸，心的感受，讓靈有人的體驗覺知，是修靈的必經之道。

心的良善與單純，可以提升靈性的層次，但是心的作用隨著肉身的結束而結束，真正累世傳承的只有「靈」，靈帶著累世的經驗，不斷投胎轉世，所以肉身只是靈在這一世借用的軀體。有人說，我就是這世為人，前生如何如何與我何干？殊不知，靈還是同一條靈，只是肉身替換（好像同一種飲料用新的包裝盒一樣），要提升要沉淪，都是這一條靈在主導，靈就是一個載體，就是累世的記憶體，紀錄累世的作為經歷，不管是憂是喜，是好是壞，都是這條靈在承受，祂是承受累世作為的主體，這世投胎做人，所作所為的也會算在這條靈的帳上，所以什麼因什麼果，雖然是不同人世，果報是同一條靈上。

所以人只是靈藉以用來歷練體會人世及修行的一個形體，他是靈用來承受也感知各種情慾經驗的一個工具，所以也是「靈」承受果報感受的接收工具，好也是靈在承受，壞也是靈在承受，所以靈要體修行；所以冤親債主找上門，是必然也是合理的，靈就是你，你就是靈，「人短暫，靈累世」。靈累世轉生，也承接累世的因果。

那為什麼會有「冤親債主」？「冤」「親」「債」「主」，不只是指無形的「低層靈體」在討報，在現實人世間一樣存在著冤親債主，這是個人行為的「因果」關係；你今天心情不好，出門與人口角打架，不管事理如何？那你就結了一個「冤」，今天看到小朋友跌倒趕忙去扶，雖然沒有特意，但是你與小朋友或他的父母可能就有一個親近的緣；你跟人家借錢或請人幫忙，沒有還錢或付錢，你就多了一個債主了，交了男女朋友，結了婚，卻是怨結不斷，分手了，雙方怨氣沖天，那這個冤就糾纏不清了。

所以看你結怨結親有多大，今生今世是否有了結？沒有了結，只有來生再報，所以當你結下不善之因，來生再報的可能就是惡果；當你處處結善緣，來生再報可能就是人家讓你享清福；那怨結更深的，即使尚在無形，亦要討報，這就是一般概念的「冤親債主」。所以什麼因什麼果？應該不會種蒲瓜生菜瓜。

那冤親債主怎麼處理？一般人會只看到果，一直在果上打轉，要能學會「回到根本」也就是回到「因」上去探詢，從因上找出怨結所在去根本解決，而不是在表象上塗塗抹抹，所以你打了人罵了人，回去說明道歉取得諒解，欠錢還錢天經地義，現在沒辦法還就去承諾怎麼解決，今生因今生果，不要再造惡因，不留今生業，就不會有來世報，今生遇到的業力果報，有形體就有形還，轉惡果種善因。對於無形的業力討報，較難理解，應尋求神尊協調解決或甘心承受，但應有智慧，要適時適性隨靈的覺知轉換。該還還是要還，不用逃避，現在不還後世還是要還，但也不要受人愚昧，還清還是還不清，就看雙方是否歡喜心了。

2-9有影沒影，卡到陰？怎麼辨？（一）

基本上，有形跟無形眾生應該是在不同層次的空間，好像在一樓行走跟在二樓活動，應該是撞不到一塊的，但是就是有人有特殊體質，可以在一二樓間穿梭，或是聽到聲音或是看到影像。當然一般都比較是無害的，其實應該是所謂無形的「靈」可以穿梭在這些空間裡面，當人的靈穿梭之間無意中撞上比較負向能量的靈體，當然就呈現能量被吸收的狀態，失去原來的平衡，以致產生不舒服的感覺。就像你本來帶了6000元跟手錶，不小心遇上了混混，就把你的錶跟現金搶走一樣，當然會不舒服；通常只要自己或別人安慰一下，心裏就平衡回來了，再賺就有，如果本身再弱一些，可能會持續被霸凌，長時間受壓迫，當然身心就會非常不愉快，如果再不敢報警或找人處理，一直找不到出口宣洩，可能就導致自殘或自殺，也有可能一次就遇上凶神惡煞，就導致身心上嚴重傷害的也有可能。

那是不是遇上這些靈體就一定會受傷害，不一定的，他們也是在比「能量」的強弱而已，當他負值是10，你正值是20時，你是可以涵蓋他，將它轉化消除的，所以有的人雖然會遇上但是並不會有事，其實靈界也是互相在較勁，比看看誰的能力本事比較強，但通常都是會相安無事的，所以只要互相不糾紛，通常都是各行各的，因此有特殊體質的人會看到所謂「陰」的眾生，通常都會是有求於你比較多，因為他們的能量一般都比較低，但是如果你要幫忙介入處理「他們」之間的事，那就要看看自己是否有這個能耐了，或是夠不夠智慧去處理，要自己處理或再請別人出面，還有是不是「師出有名」或「名正言順」。

一般會說「卡」到，基本上大都是意外而產生，就像交通事故一樣，都是意外，不小心所導致，（如果是故意車禍，那就是有針對性的尋仇或報復了），這種比較好處理，通常燒些紙錢拜拜送走一下就好，稍嚴重的請宮廟老師淨化，加強一下本身能量也可以沒事。因為基本上，以你的立場是「你卡到陰」，以陰的立場看，也是「陰卡到你」，互相都在一個「失衡」的狀態，所以他也會想趕快離開，卻沒能力，只能借助於你。

所以要處理跟避免卡陰的情形，首先是：避免到混混多的地方，再來加強本身抵抗的能量，不要有事沒事去招惹對方。知道有這種狀況了要趕快處理避免招引群聚，不然越聚越多。簡單的就燒金紙香道歉送走，送不走的再到宮廟淨化處理，通常都沒有問題的，因為這也不是他們樂意的。

2-10有影沒影，卡到陰?怎麼辦？（二）

至於一般會比較有事的，通常都是有針對性的，比如說互相欠債的，有冤仇的，有糾紛沒理清的，通常是無名病或缺殘或是鬱結無法處理，這些通常都比較是針對特定的人；他們並不會無緣無故地找你，但是你如果要插手去調解或擺平，你就會介入其中，就好比你朋友欠人家錢，不管對方是透過法院取得債權執行，或是請「債務公司」暴力討債，只要你出面介入要處理，可能人家就開始箭頭針對你，順便問上你一句「你是不是要替他還？」，這樣你的問題就來了。

所以很多師兄師姐在幫朋友處理一些莫明的病痛後，常常就換自己開始有事，換自己不舒服，或是發生意外之類的，這就是能力足夠處理，但智慧尚未完全開，首先就像前面問的：

一個、沒有搞清楚自己是不是要替人家還就插手。

再者、沒搞清楚自己是否有立場幫人家處理。

三者、沒搞清楚怎樣幫人家處理，用什麼方法處理。

四者、沒搞清楚自己是否有夠資格幫人家處理。

所以你介入了，冤親債主轉向要你賠償，你是沒有能力可以去拒絕或逃避的，所以回過頭來看看，調解這些債權冤仇，誰來出面比較沒事？

一是警察，二是律師檢察官或法官，三是調解委員會委員，還有其他具公信力單位。

所以為什麼說要領旨，領旨只是取得合法介入處理事情的資格，至於你要不要介入處理，那是看你了。處理就會有支出，有管理開銷費用，你可以像調解委員一樣不支薪，也可以像律師警察一樣支薪或收取合理費用，所以處理了有業績，有薪資，有獎金可拿（神明的香火），而且名正言順，不會有「後遺症」產生，還會得到應有的敬重。

所以有這種處理冤親債主的能力，卻沒有取得處理資格（無領旨或未領旨）的師兄師姐可以參考：

1、領旨就像考照，要自己有心要辦事再去領。（辦事形式是不拘的，不是一定要開宮才叫辦事）。

2、領旨表示具備這個能力，取得資格，也是在保護自己。

3、介入處理了可以轉報案，請警察或律師協助。（到宮廟向神尊請准或請神尊處理）。

這是比較安全妥當的方式，至於處理方式就要回到事情源頭去解決，可以用人的方式行為處理的就用人的方式，但是尊重對方的意願是很重要的。該淨化的就淨化，該祭改的就祭改，不必去拘執形式，辦事的目的是要能解決事情，溝通協調是要對方也能接受才行，而不是一定是怎樣的模式。

2—11找名師或是明師？何不把自己提升成為一名高徒

俗話說：師父領進門，修行在個人。不只是一般行業如此，在靈修的領域更是如此，很多師兄師姐都會問那裡找到明師，但是到處尋尋覓覓，找到的總是名師；在術法或佛學領域，有名師指導，進境會比較快，因為這些是後天的學問，也就是人的學問。有形的學問很容易分階進展，容易找老師；但是靈修的「靈」是一個無形的領域，無形的領域就真的是「師父領進門」而已，人師只能引領你進入這個領域，進入後的林林總總，則要「無形師」帶領，依個人靈質及心性，進境依人而異，與進入修道的時間先後次序並無重要關聯，跟你自己的修持與「清明靜悟」的體悟能力有關，也就是你自己讓自己放空讓靈自在的心境的境界能力有關，所以你隨時可能超越帶領你進門的師兄師姐，而不是如一般所謂「學修」分領域層次，無法超越前人一樣；而引導的人也要有接受他人超越的心量及認知。

而一般所謂的「名師」，通常追隨者眾，或是辦事能力很強的師兄姐，信徒眾多一樣，但是為什麼追隨者眾？通常求神拜佛，大多想依賴神佛的能力去解決事情，或是藉由求神佛去獲取財寶；而老師也是，依恃神佛能力，賜財賜寶給弟子信徒，有事就祭解補運，運用神力消災解厄；一來維持自己神聖不可超越的地位，二來信眾眾多可以維持運作，所以弟子信眾成群，但是這是名師，名師就是讓人景仰，老師能力很強，但是信眾弟子可能可以說是接近「失能的」「失聰的」「失慧的」，因為只要有事就是「問老師」「請示神尊」，不敢自己作主去決定事情，這是一般人修行的心態，也是保持跟神尊接觸的方式，但是卻遺忘了自己是可以有解決事情的能力的，這是一般宗教的教導方式；行善、順從、把自己修成溫馴之修行人。

而實際上靈修的修行，則是希望你是修成一個有能力解決自己問題，也可以有能力幫別人解決問題的人，因為靈的成長是希望可以達到「成神」的目的，「成神」沒那麼困難，很簡單的，就是在你所從事的領域，你是純熟幹練，出神入化的，你的能力技術是超越的，你是有能力可以幫助很多人解決問題的，那你就很神了，為啥？

你求神拜佛不就是希望神佛能幫你解決疑惑跟困難嗎？

所以什麼是「明師」？明師不是只幫你處理解決問題的人，明師是幫助你解決問題之外，並幫你建立解決困難問題能力的人，明師他是希望你要能不依賴的，明師他在幫你解決疑惑解決困難的同時，也要幫你建立一個自我解決問題及幫其他人解決問題的機制，所以明師的弟子是要非常獨立及具備智慧能力的。明師教徒是經由弟子的求助，進而教會自修而擁有自助的能力，再進而修到有能力助人的境界，所以你永遠看不到一群人隨時圍在明師的周邊，因為明師的弟子大都能自主自覺並自決，而不會依賴明師或神尊，所以「明師」不好找，當你存著找到「明師」再進入修行的概念時，則你可能因此而耽誤了，而你的觀念也不適合在明師坐下修行，因為太被動又無法自主。

所以要找到「明師」的最好方法，就是培養自己具有「高徒」資格的心態，一個是心態上的獨立自主，一個是提升自己能力，並隨時建立如何助人的智慧。就是一個不怕做，不怕錯的心態，這是一般人所畏懼的。

因為「修」就是因為做了錯了才需要修，並且隨時要有學習的精神和學習的態度，有學習的精神就是認知自己有能力上的不足，並能用持續謙虛學習來補不足的，名師不等於明師，明師也不必然是名師；所以並不是「明師出高徒」，而是高徒本身就具有高徒的特質，在你尚未遇到明師之前，何不先把這些特質培養起來。

那高徒要有什麼特質？一個謙卑學習的心態，一個不怕做的心態，一個包容接納理解的能力的培養，高徒是心態有了，去學去做，學習＋練習，才成為高徒的，不是想想而已。

第參章：千年孤寂的人間修行

修行是自己的事
把「心」回到最自然、單純的狀態
一個純真自在的狀態

3－1靈修的奧秘（一）淨我還真—單純／自然／修心

淨我還真—單純／自然／修心

靈修還是屬於一個比較奧妙的區塊，很多沒有進入的人不免還有很多誤解，也有很多修行者，都不敢承認修行是為了成仙成佛成神。但是一開始修行，還是免不了想要往生極樂世界，要到佛國彼岸，要成仙成佛。靈修者則不斷想要擁有超能神力，想要跟神佛直接溝通，一些「術」「法」「丹道」的修習，雖然能夠運用靈界力量，但是作用與目的卻與靈修的修行無關。

以前道教道家的修行，大都在修一個長生不老，很明顯的目的是求「肉身」的長生不老，實際上真正能長生的只有「靈」。其實要說怎麼靈修？真的是只有一個「簡單自在」可以形容，但是現在很多靈修者卻汲汲營營，一直鑽研，想要了解靈修到底是怎麼回事？但是是用人的意識思維去用「學」的把靈修當作學術研究，結果看了很多文章，探討很多名詞，開始打坐要修行了，看人家有什麼動靜，有什麼動作，什麼能力，就很急切地想要擁有這些能力，然後打坐坐了幾年甚至幾十年，對於自己到底要修什麼仍舊一臉茫然。

為什麼？

其實只是「急功近利」的心理，想很快有一個修行的成果，這現象只是「修行方向」，追求的目的方向偏差而已；以致把修行的心變複雜了，要求速成而囫圇吞棗的東學西學，卻沒辦法判斷真偽，為什麼？因為你自己沒經歷過，連自己都無法說服自己相信而已。

所以靈修「實修實證」很重要，為什麼佛教會出現「禪宗」，因為文字名相太多了，出現知識障，翻譯名詞加上各家說法沒辦法一致。為什麼佛教「淨土宗」這麼流行，因為法門太多，自心紛雜難定，所以「淨土宗」跟「禪宗」把佛教的修行「簡單化」，學習的信眾就容易執行，心念比較能一致化的原因。

念佛，把心定在佛號上，禪定收心，要一個專一，要一個心定。

靈修其實也是這麼簡單自在，要的就只是「靜心，靜心，再靜心」，心靜才能「悟」，才能產生智慧，所以不管佛道怎麼修，都只要求要能「悟」，能開智慧。

那要悟的素材是什麼？就是你的生活中點點滴滴的經歷，所以脫離生活是無事可修，也無物可修，可以不用修了。

修要修什麼？遇到困難複雜的事，遇到冤屈難解的事，能夠面對處理，處理好了，然後把心修回到「無事」的狀態，就是回到最原始的單純、自然的狀態；回到心最純真自在的狀態，沒有傷害，沒有怨懟，沒有畏懼，沒有後悔，透過心的運作回到純真狀態，然後「靈」只單純紀錄經驗值作為提升的參考，所以「心」的作用直接影響「靈」的認知吸收，因此「修心」很重要，心越純粹，靈的質也越純粹；心術不正，靈會以原有的紀錄數值去譴責去修正。

所以靈修其實沒什麼奧秘，就是自然單純而已，修心靜心讓靈提升去找回與靈源的連結；把讓靈受蒙蔽的所有行為、思想、觀念去除，誠實的面對自己的靈性良知，這就是「淨我還真」的意義，只有把「心的我」的意識拿掉，進到「無我」的狀態，才有真實「靈的我」的動作。

所以當你在靜心打坐時，要把追求「講天語」「靈動」「寫文畫符」的心收回來，回到讓心寧靜無求，因為這些動作是靈的作為，不是人的作為，所以人心有所作用時，很容易阻礙靈的運作，長期心有企求，變成人的習慣動作時，反而變成阻礙進步的絆腳石。既然是靈語、靈動，就是靈的作用產生的才算是，所以不是你心想要學想要做得來的，你的師是靈師是無形師，只有靜下心來才有辦法接觸。在「無心」的狀態下靈語靈動才是靈來帶動。

所以靈修第一要務，收心靜心放輕鬆自然，求是求不到的，學也學不來，只有讓自己定下來，吸引與靈同樣磁場的能量進來，這樣才能進入靈修要的境界。

想想為什麼神佛都要修行入定開悟？想想神佛如果想要找代言人，他會想要什麼樣的人比較好用？

當然是：單純善良有智慧，不忮不求，比較不會加入人的意念導致辦錯事或添麻煩，你要怎樣做才能合於所求？

3—2靈修的奧秘（二）淨我還真——還靈本來面目以靈為主

淨我還真——還靈本來面目以靈為主

靈修靈修，既然是「靈修」，當然是以靈為主，靈借人的感知系統去感受這世界，但也給予人行為準則，這個行為準則就是所謂的「良知」，也就是合道與否的評判標準；這個檢測標準是內建程式，是天設定的，無法移除，所以不論你做什麼事，合不合理，有沒有愧歉，其實自己心裡都很清楚；即使是你只貪人家一分，取人家一釐，別人雖然不知，但你自己絕對是很清楚的，其實靈也記錄得很清楚。

所以修行只是自己要靜下心來，自己面對自己，自己的行為哪裡需要修正，其實一清二楚，不用懷疑，即使你欺騙了自己，你一樣很清楚自己在騙自己。

所以為什麼要修？為什麼要自己靜下來？就是為了靜下來交給靈來調整，讓靈來做「平衡校正」的動作，所以當你「人意孤行」時，已經失去了與靈的平衡，所以靈會逼你回到平衡點，這就是所謂的「靈逼體」，「靈逼體」是你有所偏差了，靈提醒你要回歸正途。要你修行，不是一定要你接觸宗教，而是開始調整自己的心性心態。

大家都知道靈有「預知」能力，祂已經知道你有所偏差了，所以告知你，這個偏差包括你的身體，你的事業，你的人際關係等等。你的行為飲食，對人的態度，工作方式出現偏差了你不自覺，「靈」只是事先告訴你要修正了（該靜下心來看自己了），但是你不理，出事情了，再來說因為「靈逼體」，「靈」害你，沒錯啊，「靈逼體」是靈要你修正你的言行了，你不理，出事情只是更大的提醒，人就很奇怪，為什麼要出大事情你才要甘願來修正。但是一般人卻要怪罪「靈逼體」害他身體不好，事業婚姻不順；這真是最大的「倒果為因」的錯誤認知。

所以靈修靜坐，要你坐下來面對神明，只是要給你指引，只是要給你重新來過的支撐力量，你還是要修自己，坐下來，靈就會引導修復你的身心創痛，這個力量來自於自己的靈以及靈源神尊系統，所以靈修打坐，一定會先顧體，再來會修復心靈創傷：神尊不會那麼機車啦，為了要讓你來拜祂，先要害你事業倒閉，妻離子散喔。神尊不會那麼無聊的，你不拜還有人拜，神尊很怕這種「要教你」，卻被你認為「要咬你」的。所以自己對自己行為的負責是修行的很大要件。

那還是有人問：我的靈源是哪個神尊系統？怎樣辨明？要提的是，不是你是哪尊神的分身或分靈，你不會是神，或是哪尊神轉世投胎，只是你的靈累世修行以來是與哪個神尊系統比較有緣而已。靈還是會轉世投胎的，都還是在所謂的「輪迴系統」或有所謂的靈質高低，只是接觸的靈源神尊所來處境界不同而已，就好像是大學老師或中學老師或專業科目老師來潛移默化的氣質不同的現象而已。真正的神尊或分靈都坐在神桌上了。

那要如何知道自己的靈的靈源神尊是哪個神尊系統？簡單明瞭，由神尊告知，神尊可以透過通靈人，靈媒，靈乩告知，但是告知了你就相信嗎？很多時候你聽是聽了，但是心中還是存疑，很多問號？所以靈修系統著重的是「實修實證」。透過自己靈的接觸去印證自己所想要答案，每個靈的修習過程跟所獲得的結果不會完全一樣，因為每個靈累世所累積的能量及靈質都不相同，所以透過靈修打坐，讓靈作用，直接與靈緣神尊接觸是最可靠的，每尊神明的動作，言語音調，姿勢，教的功課都不同，你的靈緣神尊會來教你，但是你的打坐點數夠不夠，心能否歇下來讓靈接觸，累世靈質累積夠不夠，能不能放鬆靜下心來，都會影響你的接收狀況，所以不能急，不能燥，只有你能靜下心來，讓靈做主，讓靈作用，一段時間下來，你就會感覺得到，所講的天語，所做的動作是穩定的，那樣就能真的確認是哪位靈源神尊才是你的無形師了。

至於拜師，拜師是一個聚眾圈眾的方式，把你圈住不讓你跑而已，真的是可以免了。只有神能教靈，人有何能力可以教靈。

真的要你拜的只有「人師」會要你拜，無形師是不會要你拜，他本來就是你的無形師，你香拿起來就已經在拜了，何必透過人再拜，要拜可以，早晚點香，恭敬虔誠，打坐時點香虔誠呼請靈源神尊來教導保護，能指點你的只有通靈人以及修過來的師兄姐的經驗引導，人是沒辦法教你的靈的，無形境界在有形之上，只有靈能教靈。

3－3靈修的奧秘（三）淨我還真—通靈了，你要做什麼？

淨我還真—你問過自己嗎？通靈了，你要做什麼？

「修行」到底是為了什麼？很多人都不敢面對自己的想要，一方面是不敢「自信」，修行的目的是不是就是為了這個？一方面則是畏於人言，請問儒家誠意正心修身齊家為的是什麼？當然是希聖希賢阿，難道把自己修成十惡不赦大罪人嗎？那佛家修行修什麼？當然是往生西方極樂世界，成佛到彼岸佛國，那佛國到底住些什麼？佛國難道還住魔嗎？當然是住著眾佛菩薩；基督、天主、回教因為是唯一真神，所以她的子民到天堂只是在真神旁邊享受快樂生活。

那道家修行到底是要做什麼？一個逍遙似神仙，一個是成神，所以修行（靈修）你敢明確告訴你自己就是要成仙成佛嗎？每個人都講要修自己修自己？到底要怎樣修自己？當你確認自己要成仙成佛，（高僧大德如果不是希望自己能成就佛菩薩，他在修什麼？），這樣你就會知道要怎麼「修自己」了。神仙佛菩薩就是一個樣本，一個修行目地的範本。給你做為參考。讓你有跡可循。

做什麼事都會有他的目的，靈一再轉世，難道只是為了轉世的樂趣嗎？轉世有樂趣嗎？有的還認為是苦揑，既然是苦還會想輪迴嗎？為什麼各家各派都想說要跳脫輪迴，雖然跳脫輪迴的方式各家各派不同，不過可以確認的都是提升自己的靈脫離轉世，所以靈修的目的是什麼？讓靈成長，累世修行，成仙成神，這是無庸置疑的，轉世為人來修行不是靈修的目的，成神成佛才是累世修行的目的，但是，是不是這一世？還是要再幾世，十世百世，不得而知？沒錯，修行的目的就是為了成仙成神，但並不是你走進修行路，你現在就是仙就是神，你還是人，只是你是神仙的候選人，就像你是立法委員民意代表候選人一樣。

你是候選人知道現在是要做什麼嗎？當然是勤跑基層，了解民意，了解地方建設需求，爭取選民支持，這個就是你可以有累積多少香火的實力；一旦你當選了，你才知道要怎樣爭取建設經費，你才知道怎樣做選民服務，解決地方需求，贏得選民的再次信任，以爭取連任。所以你如果想要當神佛候選人，要問自己現在需要做什麼事？當信眾所有的家庭紛爭瑣事，工作事業婚姻都要來問你，陰陽兩界問題都要請你幫忙出意見，幫忙協調解決，請問你需要具備什麼能力？既然要當神當佛，你想你現在要怎麼做？做什麼？

靈不斷轉世，只是為了讓靈理解人世間的各種問題，讓身心幫助靈不斷去體驗人世間各種問題的感受，不斷去歷練去經驗，然後取得解決問題的資訊。所以靈修為什麼要坐下來讓靈來運作，就是要讓靈去整理協調，並培養溝通人神兩界的能力，所以為什麼要練習講靈語，要靈動，要學習各種辦事能力？因為那是靈的功課。

曾有師姐問我，某某神尊告訴她要讓她通，為什麼沒有？

我直接問她，你通了要幹什麼？卻又答不出來。靈語，靈動十幾年了，為什麼還是聽不懂，看不懂，那修行有什麼用？靈修要做什麼？其實靈語靈動在表達什麼，靈界跟神尊都知道，只是人的體，就是身心還不夠清、不夠明、不夠單純；就像一般薪水階級搞不清楚老闆算盤怎麼打是一樣的，層次不同，表達用的語言模式及思維是不同的，就像所謂的學者跟業者思維模式也不同一樣，經歷越多，層級越高，疑難問題處理事情的能力也不同，所以你如果層級不夠，如何去跟老闆溝通？去跟神尊溝通？

那要如何提升自己的層級呢？那你準備好能跟神尊溝通以後要做什麼嗎？你的心態準備好了嗎？你的定力足夠了嗎？不會被情／財／病／劫考倒了嗎？如果一試就破功，讓你通有什麼用？反而危害，就像你書不讀，功課不做，跟同學相處不來，請問要怎樣讓你當班長。

所以為什麼會有天命／天職／清修的區別，累世累積的質量的問題，除了靈也還有人的問題，很多帶天命的人，恨不得把這些能力封掉，為什麼？人的智慧不足以處理自己跟信眾的問題，不知道通靈要做什麼，反而造成困擾；那神尊要用的人，勢必是經過一番考選，事情發生了，你的處理能力，你的應對態度，心性的轉變，你是否單純善良有智慧，有一個老實代言人的心態，其實真的神明要用的人，很快就能通了，像在我這邊辦事的師姐，才來我這邊打坐三個月而已就可以溝通了，那是先天靈質的累積與後天的良善互相配合，而我自己已經打坐10幾年了，結果也不願讓我通。

所以問題在哪裡？要回頭檢討自己，不夠正心正念？不夠單純還會有自己的慾望干擾？真的是要回頭檢討自己，心態夠不夠謙虛？心態夠不夠開闊？不然讓你辦事在那邊跟信者爭辯，貪人錢財，那神明不是自找麻煩嗎？

那如果是累世功課還做不夠，那就回頭靜下心來好好做功課，不要太多奢望企求，心有所求的作用產生，靈的作用就消退，所以心若有所求，方向要對，是要要求自己好好去做到自己該做的事，不是一直要求神尊給你神力。

當然通了辦事可以更快累積人世間經驗，就像點數倍增一樣，這些都是在累積成為神佛的能量跟智慧，那現在如果還不通，只有老實打坐做功課，多多助人，累積自己的點數，點數夠了，能力就給你了，否則只有徒增困擾而已。

3-4 行者千年，一燈相伴

修行成長是一條「千年孤寂」的路，修行是一條漫長且孤寂的路，靈透過累世的轉世，希望得到靈的成長與提升，在修行的過程中，不論是得道高僧，有道真人，在成長歷程裏，都是孤寂的，雖然護持者或是同修者眾，其實每個心都只能孤獨在成長，因為成長的是「自己」，不是別人，只有自己「願意」，才有成長的空間，別人是逼迫不來的。

這個成長，包括了「心」跟「靈」，成長是要讓心跟靈合一，心由原本簡單的單純歷經複雜，再透過靈的修行回到單純，這個單純才是智慧的單純，這就是「見山是山，見水是水」的意境程度有別的問題。因為心在生活中必須經歷外界的種種誘惑，透過各種誘惑的經歷去學會去了解各種情慾的運作模式，去了解了「情慾」的運作原理，然後能夠「釋疑去惑」，然後能夠「去誘解迷」，心才能真正的安定，沒有經歷這個歷程，惑仍是惑，迷仍是迷。「情財病劫」是考驗也是必經的歷程，所以不要害怕去經歷，只有去經歷了，才能深刻，因為別人的經驗是別人的經驗，你可以感受卻沒辦法內化，要自己做到了才能內化，可以清楚表達了，這個經驗智慧才是你的經驗智慧。

所以在生活學習過程中，同修所說的，老師教導的，高僧所言的，神尊所講的，每個人聽進去的，每個人所領受的，都不會相同，每個人的成長進境也不會相同，因為每個人都只有一個孤獨的自己，你冀望別人幫你成長？沒辦法，你只能自己成長，真誠地跟自己溝通，因為要不要接受？接受到什麼程度？只有你自己能決定。

成長—應該是包含「質與量」包含「深度與廣度」的，心是一個無可限量的容器，所以它的接受跟包容度也是無可限量，但是它也是中性的，可以善、可以惡、可以廣、可以狹、可以各種各樣的模式形態。要以什麼樣的標準做標準，都是自己決定。

「靈」是一個高標準要求的「衡器」也是「量度表」，你的心的質量有多高，靈的質量就有多高，這個高只是你自己願意並做到的程度，而不是靈要求的程度，「靈」只是給你一個高標準，會要求，但只有「心」可以決定做到哪裡。

所以修行是一個孤獨的歷程，就是「你的心」跟「你的靈」互相協調並執行的過程，老師／神尊的要求都只是一個參考，真正要做到什麼樣的程度，能做到什麼樣的程度，只有你的心跟靈能決定。

所以人只能在孤獨中成長，別人（神）只能給你試煉，給你提醒，給你加油打氣，但是真正的成長，在於你自己的內心的蛻變，由酸楚痛苦轉成快樂自在地接受，由窄變寬，由淺變深，由怨恨變歡喜，只能自己在自己心中留下刻痕。

你可以停留也可以前進，決定都在自己，別人沒辦法替你吃飯，吸收營養還有長大。

所以你自己要不要修？怎麼修？修到什麼程度？不是老師的事，不是神尊的事，也不是你同修的事？是你自己的事，你同修不修是你同修的事，你同修出事也是他的事，不可能是你的事，你只能決定自己。

修十年、修百年、修千年，一樣是這樣—孤獨。

學著去享受這樣的孤獨。

3—5靈修的問題在於「心」

「修心而不著心，讓靈成長」

這幾天沒有閒暇寫文章，只有上網看看資料，畢竟工作是要用心去處理，心有追求的時候，會不斷的運轉，難於靜下心來，因為要細心，要小心，避免出錯。其實這是專注跟專業的問題。

而修行的目的，卻是要開闊心胸，無所不包容接納，人能做的，就是把心平伏下來，怎樣算平伏？為什麼我所說的「人間太極」一直強調要接受相對方的存在，因為唯有承認並了解相對方存在的價值，你才能真正了解對方的所作所為的意義，這樣事情到來才不會影響到你的心境的感受，如此，你才能有真正的平伏的心態。

為什麼心不能平伏？因為你不能接受與你的心的認知有不相符的狀態，所以你抱怨，你氣，你不屑，你不高興，所有負面情緒都來了。結果能怎樣？你氣你怨是你的事，別人又不會怎麼樣，你氣一氣，抱怨抱怨之後，自己要不要回復正常？一般人大多還是要回復正常狀態，因為日子還是要過，所以氣啦怨啦就變成「多此一舉」的事，但是也有人會用激進手法處理，結果只有陷入無限惡性循環的泥沼。

所以修行要修什麼？修一顆心，讓它能時時正向，時時平順而已，要平順就要去懂事物的原理，也就是事情會發生的道理，真的懂了就比較能接受了，不懂就要再去弄懂，弄懂不是去做學問，而是打通心中的結，打通自己心中堅持的結（自己的觀點立場），讓自己不怨、不悔、不憂、不懼；然後能開闊的接受到眼前來的各種與你相左的意見與事物，才能去消除相左的情緒認知。

所以修行是越來越開闊的，只有開闊的接受，才能讓心平順，是開闊地接受，而不是怨懟的忍受，修行不是做學問，所以修行不會叫做修學或學修，學只是在蒐集幫助自己弄懂的資料，你蒐集資訊然後背了很多資料，有沒有辦法「內化」才是重點，學之後的實際體驗，身體力行才能「體悟」，體悟之後才能成為自己的東西，這是別人偷不走帶不去的。

「靈修」在成為修行上的顯學已一段時日，很多宮廟也都要搭上這班列車，要把自家自派的理論跟修法冠上的字眼，也常會看到「非經過他們的派法無法得到靈修的成果」的文字話語，當然這是誇大其詞，自我膨脹的說詞，大多數人是不以為然的，所以也出現很多排斥的言論；但是也有很多人把只要相關到靈的不好的現象，統統歸為靈修的「原罪」的，也不盡然正確。當然，也有很多人把「靈動、天語」視為一個很強的能力，視作可以跟神明接觸的現象，而盲目的去追求，當然會衍生出一些自體帶動或外靈帶動的現象；另外也有人把外靈佔體、卡陰、無名病等，統統歸為靈修後遺症，為何這樣？因為大多專注在自己門派的學問上，也有的只是用心在追求，有心則亂，無法真正進入「靈修」的堂奧，這個現象無可避免，無可避免是因為心在追求，或是有意排斥。

會有這種現像，一樣來自於不了解，不接受。

其實靈修真的是要「修心而不著心，讓靈成長」。

生活上的考驗，就是在考驗你在歷經事件之後，你是否能夠堅持正心正念，堅持道心，會出現考驗，大多是心已經有所偏頗了，偏離了初心了；想想看為什麼夫妻感情出現問題？一定其中一方心已經偏掉了（偏是不正，只是沒有在同一道上而已），不修正回來或靠攏就會越走越遠，這個考驗就是要你學會怎樣去修正，那要修正回到夫妻結婚時的初心？還是回到未結婚時的狀態？

都是自己一顆心決定，要重視自己的真實感受。

靈跟智慧都是無形質的，是無法做學問的，只能去「悟」，可以用學的，都是人世間的「學」「問」，從問中可以學，但靈的修行只能從自身體驗中獲得成就，從練習中時時刻刻覺察自己是否心走偏了，去建立「覺知」的能力，從把走偏了的心調回到正道的過程中去「悟」，去得到智慧。

什麼事都有初心，男女朋友、夫妻、社團、事業合作，都有它的初心，主旨。去思考這初心應走的道路與方式，才能有正向的循環。

3-6靈修的思考，這一世要來做什麼？

這一世要來做什麼？

師姐來問事，神尊交代要認真面對任何事，經歷過後就要放下，每件要你經驗的事都有祂的用意，所以去面對，去接受，去悟要給你的道理就好，不要執著在一件事裡走不出來。

學會放下，走出來，才可以重來，才能調整，當時匆匆紀錄，盡可能完整重現：

要想，這世要來做捨？這世來不是為了享福享樂，是要心靈一直提升成長，若只是為了享樂享福，則什麼都不如了，人有七情六慾，有錢財關等等考驗，所以一世一世在轉世為了什麼？為了要心能悟，能去了解很多事情，然後學會放下。學會放下，那就煩惱都無，就會看清看明。

對遇到的，該做的事就要認真做，任何事要能認真做，要歡喜做，甘願受，不怨嘆，不後悔，因為做了就是自己的經驗，有經驗，才會開悟智慧，靈才會提升，經驗了，了解了，就知道要如何放下，所以要學會放下，任何事都要放下。有事時認真去面對任何事，經過了，不論喜怒哀樂都要放下。

清修並不是什麼都不做，錯、錯、錯，這是一般人的誤解，因為無經驗的話，會不知如何放下。所以清修是要去經歷，去面對，然後去悟去了解。

人的心靈要合一，不然會讓自己魂飛魄散，魂飛魄散是說自己行事與思維不一致，做事做法越來越偏激，越極端，好像不是自己做的事一樣，所以要與別人不同的話，要心與身，人與心要合一，修就是修一個身心靈合一，然後不要做離經叛道的事，因為靈會受罪。

要去思考自己這世到底要做什麼？

3－7「修行」要的是「心地清淨」

要怎樣找到適合修行的地方？「修行」要的是「心地清淨」—存乎一心。

昨天跟一位師姐談到「信」的力量，其實我們生活的地方，本來就是一個多元存在的空間，很多事物其實都是「中性」存在，沒有立場的，就像無形的空間，鬼神也是相對存在，和平共存，鬼不犯人，不犯神，神尊也是沒有理由見鬼就收，那無形空間的存在也會失衡，鬼也可以是「神」的助力，一般常說的，「運用之妙，存乎一心」，心相信的越堅定，力量就越強，不管是信鬼或是信神，操作的關鍵在人的「心」。

無形展現的是能量，是穿越的，只能引導；要產生有形的著力點，還是要靠實際有形體的人事物，才能在物質界中發生作用，所以你信鬼，鬼的力量就強大，因為鬼可以借你的力；你信神，神的力量就強大，這是一個堅信的心，由人在操作。

堅信的心是中性的，可以往神，也可以往鬼，但結果會不同，所以為什麼要修？修就是要修一顆堅信的心，讓這顆心維持一個往「正向結果」發展的方向。

海葳師姐問我：請問您：走修行路一定要找很多人在修行的宮、廟、道場嗎？因很多修行人都說要共修，這樣才比較不會走火入魔……？真的是如此嗎？真的有這樣的說法嗎？還請師兄解惑……謝謝！

其實這只是觀念問題！

走修行路到底要找什麼地方比較適合？修行一定要共修嗎？其實共修的用意是因為人多好做事，力量比較大，就好像選舉，越多人投同一人，那人當選的機會就大，也好像陳情書，越多人同意做同一件事，要做成的機率也比較高；也好像聚會活動，聚眾越多，越高層的長官越會來參加一樣，但是有一個前提就是：「大家的目標方向是一致的」，這樣才行，否則人多也是一種亂源。

所以共修可以聚集更多的能量是無庸置疑，但是不是很多人在修行的宮、廟、道場就比較不會走火入魔的，那是要看這道場的師兄姐修行的中心思想跟心念是否一致，人多有時候就雜，小小一個地方就分門分派，因為修的中心思想不一致，那就不用修了，只會被紛亂的磁場干擾而已。

再來帶領的宮主，師父是否正心正念，這也影響到神尊能量的發揮，就像前面提到的「信」的力量的問題，帶領的人不正，邪信當道，正神的力量一樣沒法作用，只會被邪力牽引。

所以去到一個地方，先觀察，而不是看人多人少，眾口可以鑠金，三人會成虎，所以要用眼睛，用心去觀察，然後用靈去感受：地方是否和諧，磁場是否舒適，這個地方就對了，神尊最重要，跟神尊感應非常愉悅，這就對了，如果你感到不舒服，感受到來自這個地方的壓力，不管是靈體或是個人心理或是經濟上的不正常壓力，這個地方就不適合待下去，有時候靈會讓你有感覺，讓你心在決定時產生阻力或反對力，這時候就要注意了。

所以是不是適合自己修行的地方，不是人多或少的問題，而是第一個感覺跟後續的觀察。

其實修行最重要的是：心地清淨，應該是王安石老先生說的「心地清淨方為道」。這是宋朝的理學家，剛剛浮上來讓我想到。

「心地清淨」，自己的心要淨，修行的場地也要淨。

強調一點說：自己的心地最重要，當然自己的心念清淨，其實是萬邪不侵，所以「修行的地方」，也可以只是輔助的作用，但是善加利用也可以事半功倍，很多大宮大廟因為比較少人為的干預，神尊做主，能量較強，要受邪魔入侵的機會比較少，但也要注意大宮廟也有非神做主的，自己要感受。小宮小廟受主持的人影響較大，看主持者的心性很重要，好學校也有壞學生，爛學校也有好學生，所以自己的心地維持正心正念，不急不躁，不貪不求，要走火入魔的機會就沒有了。

重點是人，自己的心。

找不到自己感覺適合的場地，不妨自己先在家自修，有時間再到師兄姐經常會靈的大廟去靜坐，慢慢來不用急，保持自己的道心。

維持自己的心地清淨最重要。

3－8生活修行（一）第三者的宿命與突破

「天注定」其實就是自己做的決定

凡事自己不願做主負責的，都推給緣分？這是一般人共同的現象。

感情處理真的需要「智慧」，如果感情問題再寄望用「情」解決，那真的是俗話說的「會牽絲」，千絲萬縷，千頭萬緒無從理起，尤其是第三者的問題，不管小三或小王。「會牽絲」是因為用情再怎麼用，都是牽連，我們說的斷不清，而且只會越生越多，這些牽連的現象，它的目的和作用只有一個：保持接觸，維持關係。因為要斷就斷了，為什麼需要一談再談。

所以處理第三者問題的「智慧」是什麼？有的人說，我已經跟她講得很明白了，要斷了，有的人說，我也一直跟他做溝通，但是因為他怎樣怎樣，所以我不能怎樣怎樣？

其實都只是在找藉口跟理由。還在做溝通，就會斷不清楚，就好像是在做兩岸會談，雖然每次談沒什麼結果，但是有一個很重要的概念：在「保持溝通管道的暢通」，所以一直談一直談到底有沒有想斷，沒有，談到最後的結果可能會有「共識」，可能會「沒有共識」，沒有共識就會繼續談，所以有沒有可能斷？不會斷的。哪有共識呢？一般共識的結果會傾向比較強勢一方的要求，所以有可能還是繼續牽連。

這整個問題出在哪裡？出在於「曖昧不清」，出在於不要的人不敢勇敢說不，兩岸若真的要斷絕往來，需要會談嗎？需要密使嗎？需要第三方傳話嗎？還會在意你發表什麼言論嗎？會需要會談，表示沒有要斷的意思了。

所以要智慧處理第三者問題，只有讓自己「明確化」，把自己「定位」清楚，如果確認自己要當第三者，那第三者的角色扮演就要洽當；不吵不鬧，偶而慰安，不能曝光，不能想要扶正，但要注意生活費要按時拿，不要賠了夫人又折兵。

哪如果發覺自己不幸成為第三者了，而不願做第三者，那就要自己堅決明確的去斷絕這個關係，這個才是修行考驗的關卡來了，其實緣份都是自己選擇決定的，天注定的意思就是你選擇做決定了，天意順從你的選擇去發展，所以第三者會說「這是緣分」，這是「天注定」，真的是這樣子嗎？還是你不願意對自己負責，不願意去接受抉擇的痛苦，拿緣份來做藉口隱身。

一般人遇到抉擇的路口都會選擇「安於現狀」，因為接受現狀是當下最舒適的狀況，但是對未來來說並未必是，所以第三者不能做好第三者的角色時，或沒能保持成為第三者時的能力或條件（如美貌，如經營及社交能力），或相對方沒能相對做擁有第三者並保護第三者的能力時，怎麼辦？

難保時空轉變，條件轉變，現狀都不會改變，那時候痛苦了，再來說也是天注定嗎？再來說緣分嗎？那這是怎樣一個緣分？所以說「緣分」，只能說是自己圖個安逸的藉口，只是不願承認自己沒能力，不努力，在逃避的藉口。

我們說一個蘿蔔一個坑，這是現代婚姻的概念，一個不正常的緣分佔了這個坑，正常的緣份就進不來。

但是修行上一個很重要的概念，你是不是讓自己快樂愉悅過生活，如果你當第三者很快樂，其實是可以延續這個快樂，但是當你不快樂時你有沒有能力去修正？還是直接受傷痛苦一直走不出來，那如果你當第三者不快樂，那就要有智慧勇敢果決地走出來，找出屬於自己的自在跟愉快。

最近處理信者第三者感情的問題，有一個師姐分享了她處理的過程跟心路歷程，很值得大家借鏡，溝通後，他也很樂意提供給女性朋友做參考：

緣分不是認命，而是自我追尋愉快沒有傷害的自處或相處模式。看一下什麼叫做「修行」，修行就是修正而後執行出來。

當時跟其他師姐是在討論另一個師姐的案例，這位師姐以為是在說他的狀況，特別LINE了一段他自己的感想跟看法，以下是師姐LINE原文照錄，人名部分做隱藏：

師姐言：師兄；過去（柏X爸）不是吞藥嗎？所以我們又在一起；然後再一次要分手時；他當然有亂有吵；還打給嘉X（另一個朋友）叫我不要那麼偏激，我的相對回應是果決，是魄力，是堅持分手的心；他亂他吵，我回應的是果決的「衝突」。最後他無可奈何！不亂不吵；因為他「完全沒立場」亂和吵；這只是過程；女人的態度很重要，男人會亂會吵，是女人縱容的。

所以（柏X爸）那時亂到不行，沒立場亂，自然退駕，男人能夠亂，是女人讓他有空間亂。後來，他接受無可挽回的事實，也就都平常心來看孩子。所以當時，他亂，我沒讓他亂很久，幾天就讓我處理乾淨；爾後都不敢再造次，謹守他是人夫的身份，來到家裡看孩子，也只是孩子爸的角色，情感切割是否能清楚，女人關鍵很大，我不太清楚你們說的是捨麼狀況，僅以自己之例說明。

師姐言：師兄，我處理感情，乾淨俐落不拖沙，切割明確又清楚。女人本身才是最大關鍵，男人能夠亂，是女人縱容他有立場亂，我不知頭不知尾，拍謝，說太多。只是希望如果是差不多案例，這些能有幫助。

莫林桑：這是一個心態的問題而已，堅決明確，這個倒是妳很厲害。

莫林桑：不是所有女人都像妳這樣果斷。

莫林桑：走出來了就很輕鬆，走不出來的就很累。

師姐言：除了自己的果斷，還有內在的聲音，「修行」，我要過關。如果他老婆不知道就算了，老婆知道心也很痛苦，女人何苦為難女人，三個人的糾纏，三個人都苦，我願意堅決放手，成就他們婚姻不圓滿當中的完整，一個人放手，等於放了三個人心的自由。一個堅定的信念──修行，我要過關。不傷害他老婆，雖然已經傷害了，我用我的善良降至最低。很慶幸他們夫妻也一起走修行的路，不圓滿當中的圓滿，所以說女人心態很重要，外在的果決，內在的修行路。嘻嘻嘻嘻；多言了。把自己經歷說出來，是讓師兄去開導女人，外在處理情感的果決，更重要內在修行的心，讓女人坦盪面對深處內心的自己？便能乾淨俐落。

以上是一個不願再當第三者的心路歷程。所以勇敢承認並面對自己內心的狀態，明確去執行，很重要的是一個自己要有明確的定位，跟看清自己所處的地位，非常態的或是自己不要的感情越拖只有傷害越深，祝福所有陷於感情泥沼中的人，早日找到屬於自己的幸福。

3—9生活修行（二）慈悲？還是濫慈悲？

到底什麼是爛慈悲？還是濫慈悲？

慈悲是一種心態，修行人常被要求要有慈悲心，但是慈悲心到底要怎樣拿捏？要如何去區分好的慈悲與濫慈悲？

那是濫慈悲還是爛慈悲？

濫是一種多餘無效且不被珍惜的狀況，所以氾濫氾濫就是太多而且外溢無法保留的狀態，而爛則有一種光彩奪目過了頭的現象，爛應該可以做燦爛，但是過了頭了，所以水果過熟，熟透了就爛了，因此，不管爛或濫都有一種「太過」的現象，但是是不是太過，要怎樣準則？其實會被稱為爛或濫，主要是失去一個節制，如果會節制，或是用對方法，那就不會到爛的狀態。所以衍生的一個現象就是慈悲的「結果論」，一個重複且無效又沒有被節制的現象，就會被認為是爛或濫。當然會無法被接受，甚至會被撻伐，但是這個是外人對你所做的事情的看法。

對自我而言，本身所設定的，去執行的時間及預期的成效，才是濫不爛的最後評斷。

因為慈悲是一種心的作用的狀態，本來是無可限量的無形的力量，可以永續執行，但是你為什麼會停頓下來評估，評估到底是濫或不爛，那是因為你有設定達成的時間跟目標點，所以你會每隔一段時間來評估到底是否有效，有達到所要的目的否？有達到目的就不會是爛或濫了。

所以你的慈悲會被你自己檢測，所以你的慈悲是有條件性的，當沒有達到成效或沒有動力繼續下去時，就是考量濫不爛的時候。你的慈悲到底是不是慈悲？還是只是一個交易？一個條件交換的動作？所以做慈悲這個動作時，如何達到你預期的效果？有沒有達到你付出慈悲的目的？也就是你的慈悲是不是有效的，沒有被浪費的，所以慈悲跟愛是一樣的，當你真的愛的時候是真的都不要求任何條件嗎？真的只有付出，只有承擔嗎？而且相對考量的是，在你付出跟承擔的同時，你用相同的條件愛你自己嗎？你對自己慈悲嗎？

我們說，修—只能修自己，沒辦法幫別人修，所以相對於愛跟慈悲，你要付出到什麼程度你才會覺得夠了，是你自己要去調整自己的感受度，慈悲跟愛是沒有止盡的。只有你的心會讓它轉向，所以最重要的不是去評估它到底是不是爛，也沒有所謂爛不爛的慈悲，而是評估你使用慈悲的態度是不是適當？方法有沒有錯誤？

慈悲有慈悲的目的，為什麼你沒辦法達到這個目的，是方法錯誤還是觀念錯誤，要修正的是自己行使慈悲這個工具時，為什麼出差錯，要重新學習使用的方式或使用的力道，而不是怪自己爛慈悲或怪對方不願意做改變，所以當你有爛慈悲的想法或念頭時，是不是先停下腳步重新思考：

當做不當做，做對或做錯，調整一下想法，找出對的方法。這是你修行轉念的契機。

3－10生活修行（三）相信與願念，是修行的驅動程式

相信與願念，是修行的驅動程式

相信與願念，是修行的驅動程式，信與願力程度多強大，行動力就多強大，信、願、行一直是佛陀教育的主要觀念，有信有願才有行的意志力，一個是願意相信（信），一個是心中給自己一個目標（願），所以「信願行」應該說行動力來自於信跟願。

每個人都有自己的主觀認定標準，也可以說自己的個性以及生活習性，這個個性及習性有的是天生傾向，有的是後天習慣養成，但不管先天或後天，他都影響一個人對事物的判別及價值認定；當他認定可行或有價值時，他才會接受才會願意去嚐試，尤其是對他沒接觸過或經常忽略的事物（不在意），還

有在沒有客觀標準可供參考的人事物上，都是需要經過一番深沉的思考判斷，所以人要接受新的人事物比較難，難是難在於「相信」，不相信就沒有所謂的「願」也不會有「行」的動作出來。

為什麼「相信」會這麼難？主要在於「未知」（也可以說「無知」），對要接觸的人事物一無所知），人對於未知總有一份恐懼存在；「未知」對當事人來講是一個神祕的區塊，越害怕就越難接受，越難接受就越一無所知，所以人無法前進的阻力就在於此，尤其是一些相對比較主觀的事物，比如說宗教信仰，生活觀念的認知等等。

所以人的認知其實是侷限的，就像經常聽演講的人，聽的都是他樂意且在行的區塊；還有另一個現象就是用自己概念做「選擇性接受」，所以你常會在演講完聽到某些人對某些區段的批判，那這些你所不能認同的事物真的是不好不適合的嗎？那為什麼是他演講而不是你演講？所以對自己相對無法認同的區塊，才真是你所不足，需要重新認知的區塊。

那要打破這個認知的侷限只有一個辦法，調整自己的心進入一個「謙卑學習」的境界，「謙卑」主要是讓自己接受新的事物進到自己的思考範疇內，

「學習」是要去分析理解找出可以補自己不足之處的東西出來，所以一顆願意「受教」的心很重要，遇到了沒經歷過的就去經歷，去學習，吸收學習了然後去操作實驗，可以讓自己更順暢的就留著，操作起來不順暢的就先保留或捨棄，也可以吸收參考別人操作的經驗做取捨，因為接受，因為操作，因為願意廣泛去了解，你的認知範圍就會逐漸開闊，能接受的人事物也會更開闊；接受了，經歷了，你就知道適不適合自己，這時再來做一個取捨，這是允許的。沒進入，沒了解，就做批評判斷，這是值得商榷的。

所以要「相信」唯有真正進入了解，越了解有可能越相信，也有可能越了解越知道不適合，所以很多事情不必先排斥，要給自己一個概念，給自己一個機會，先了解看看；因為只有真正相信才會有動力，因為只有真正理解你才會清楚目標，相信而且目標明確才會有行動力。

為什麼目標不能達成，就只是因為你不夠了解，不夠相信，所以行動力出不來，所以檢討自己行動力出不來，應該重新回頭檢視對這個事物的認識了解及相信的程度；或許你會發覺這些事物不值得你信任，那就是檢討抉擇去留的時候了。

因為「相信」跟「願力」是中性的，隨著你的心的動向而決定，當你相信的是魔，魔也因你的相信度及願力強度而增強，所以隨時檢視自己一顆心是否正心正念，這就是「修」的意義，檢視的標準是自己的「良知良能」，修是在生活中的時時刻刻中修，相信（信）並明確自己的目標（願），行動才有準則才有方向。

3—11生活修行（四）進入修行的第一件事—放下抱怨

進入修行的第一件事—放下抱怨

把看待事情的重心回到自己身上，當你接受事情就是這樣發生了，你就會開始看到事情的另一面。在我離婚的前一個多禮拜，才開始接觸到靈修靜坐，那時候是參加所謂的「靈動班」三天的打坐課程，從此和神尊結下不解之緣，開啟了自己的靈修旅程，在打坐中體驗了調身，調心，調靈的神奇力量；上完課回去後，一個禮拜內就把婚姻完結，重整自己開始無婚姻的生活。

很多人會想試試，那麼厲害，靈修打坐就可以離婚了，其實不是上完靈修打坐課程就會離婚，而是因為婚姻出問題了，所以去靈修靜坐，希望能得到解決的方法，其實我們都忘了解決問題並不只是一個面向一個方法而已，其中一個是我們期待的處理方式，另一個則是我們原本不希望看到的，但其實都是解決的方式，只是我們不想接受而已。

跟神尊接觸，只是調整我的心態，從不能接受到認清事實，到接受它的必然發生，把事情脈絡理清，接受它的合理性而已。

剛辦完離婚那陣子，去打坐真的坐下來就哭的希哩嘩啦，持續哭了兩個月左右吧，但是哭完發覺自己變年輕了，心情也輕鬆愉快許多，又開始了滿是衝勁活力的日子。其實不到半年，心理已經開始感謝我前妻，感謝他渡我進入神尊的領域，也感謝她讓我感受到婚姻可以重來的自由開闊。由「抱怨」，「接受已發生事實」，到「放下抱怨」到「感恩」，其實這才是真正走完一個婚姻的歷程。

當然也會自我解嘲阿，每盆花都有適合會照顧這盆花的人，沒照顧好花，換人照顧也是合理的。這個歷程其實都只有在自己的「內心」中完成；別人是沒辦法幫你的，只有自己能幫自己，重點在於—「看自己的內心」想要過什麼生活？而不是一直看外在環境發生的事情，如果我一直想說老婆被人照顧走了，離婚了還要帶三個小孩，很辛苦怎樣的，在那邊自怨自艾，那大概我也是很難走出來的，其實後來覺得，離婚對我後來走修行路是減輕阻礙，因為自己一個人，想幹嘛就幹嘛，也很自由自在。後來要交女朋友也會考慮能否接受我走修行路，因為真的拜神明拜很大，不是一般人能接受；交不交往是我可以自己抉擇，所以也就一直擱著了，其實跟神尊約會還是比較單純一點。

在這裡請大家不要誤會，不是鼓勵大家離婚，只是告訴大家事情遇上了，妳要去接受，去找出原因修正，而不是自責自怨自艾，離婚也要能離的好才能離，不是隨便可以離的。

婚姻、家庭本來就是修行的課題，結婚離婚都有功課要做，你能在這個課題中吸收到什麼，學到什麼才是重點。

最近遇到幾個師姐，都受婚姻所苦，苦的是生活上的限制，其實很多時候，我們都把看事情看問題的重心，放在外界的環境或是對方的身上，都沒有回到自己身上。男生還好，女人結婚了就把自己忘記了，重心放在孩子、丈夫、家庭、父母，都忘了「比重分配的平衡」，這是傳統觀念教育下來的，很無奈，所以往往會把自己埋沒了，然後再來期望別人能看見自己，希望丈夫關心，了解你的內心渴望，希望孩子能多陪陪你，能貼心一點。這可能嗎？

事實上，妳沒適度把自己凸顯出來，別人是很難看到妳的，所以不管生活或修行上，期望有這些現象的師兄姐，適度把焦點回到自己身上，不要一直期望外界環境改變來配合你，要從自己內心調整出來，把眼光焦點從對方身上移回到自己身上，先把抱怨拿掉，開始植入自己會愉快的程式，妳讓自己快樂了，別人自然會靠過來了，包括妳的先生孩子家人都是。

修行也是，打坐拜拜是一種型式，重點是內心的堅信，不管是佛是道都一樣，如果你拜佛拜神，修行讓自己越來越好，我想家人是沒有理由反對你修行的，會反對，有可能是妳影響了她們，或是他們本身的觀念妳沒辦法去影響改變，有可能覺得妳去拜佛拜神卻沒讓自己生活更好，反而讓生活產生窒礙，這當然很難讓家人認同，所以可以從不影響家人的情況下慢慢進入，修自己的心，從接受家人及外在環境的反對之下，找出自己可以從事的活動，在家打坐不一定要盤腿坐地上，一把椅子坐一下子也行，淨心／靜心沒有一定的形式。

神佛要的是妳的「心」，堅信要做的心。

所以，先放下妳的抱怨，放下妳的不甘願，開始做該做的事，一點一滴的做，把注意力從外界從對方身上，拉回到「修自己」的身上來，妳開始注意自己的言行舉止了，開始注意自己的穿著打扮了，妳自己開始停止負面想法，開心起來了，那很多焦點都會回到自己身上來，妳也會開始發覺世界原來還有另一面，因為一切的改變就從妳自己的改變開始。

妳開始改變，世界就跟著妳變。

「修行」就從妳開始動起來的地方開始。

第肆章：人間太極的自在之道

太極、四象、八卦……
只是人生的各種現象的記錄
重點是要會運用它及了解它所要呈現的道理

4-1回到初心，調整自己

依著初心做到完美就是好，就會有歡喜心。

什麼是初心？

初心是最原始起心動念要做一件事時想要達到的心念跟目的，這個目的也是要做這個事的最高指導原則，方式方法可以改變可以調整的，就是過程可以變，但是目的（目標）是不變的。

這個概念一般人會搞不清楚，通常一般人是堅持方法，但卻經常忽略了原來做事的目的，所以通常會陷入痛苦的思考，方式和方法是有時間性的，隨著時間跟應對的人會做調整，但目的卻是需要長時間努力去維持去達成，所以如果時時秉持重溫初心，以初心為準則，調整做事態度與方法，則要讓生活時時快樂是不難的。

比如說男女朋友交往，最初應該是互相愛慕，希望可以在一起互相照顧，快樂生活，但是久而久之，個性脾氣出來了，有口角了，對事情看法有分岐了，不一起出門了；或出門遊玩塞車了，火氣就來了，講話大聲互相指責了。

如果回到原來想做這件事的目的，要互相照顧、快樂生活，那脾氣是否可以調整一下？出門旅遊是要讓心情快樂的，塞車只是一時，何必讓兩個人不愉快，於是控制一下，調整一下心情，生活就會很快樂了；又比如合夥事業，是因為各有專業，互相信任，所以合作，目的是為了要增加收入，當增加收入賺錢是最高指導原則，那是否能夠放棄人事頃軋，放下私心，貢獻專業。如果能時時記住原來起心動念時的心意，時時調整走偏了的心，回到原來的動機目的上努力，應該成功的機會是很大的。

做事業，工作，交友都一樣，尤其夫妻長久相處更是，不要為了堅持方法或自己的做事方式，而忘了原本結婚的初衷和目的。方法運用是因人因對象而異，個性脾氣是用來改的不是用來堅持的，回到初心，達成目的，才是對自己的忠誠。但是一般人往往因過程中的承諾或應允而違背了原來的目的，或迷失了初心，而讓家庭事業陷入一團混亂，就要重新思考了。

如果已經失去了初心，原來的聚合條件不見了，就應該誠實面對，或捨棄或終止，相互之間說好來，互相歡喜心去結束，不要打模糊仗，導致怨氣連天。

再則，通常我們的教育所傳授的觀念思維，常偏向於太極的白方，也就是良、善、對、好，我們認定正向的一方，但實際上我們的社會，我們生活的世界，我們的環境裡，並不單純只存在良善對好的美好的一面，所以要認知負向面一樣存在（太極白的相對方），一樣存在著相同的運作方式，所以搶劫銀行找合夥，目的是搶劫要成功才有命有錢，那也要做計劃，如何逃脫，如何擺脫追緝，合作的初心，搶劫的初心，如何維繫才能成功。又比如花心大少把妹，人夫養小三等，初心一樣是要快樂，如何做到不曝光，不衝突。一樣有初心，一樣會有教戰守則，如何維繫初心，將事情做好才是重點，而不是是非、善惡、對錯、好壞的分別。依著初心做到完美就是好，就會有歡喜心，所以偷天換日，賭神，百勝將軍，一樣受人仰慕，黑道大哥義氣干雲一樣受到黑道人物的敬重。

所以，將事情做到合乎本心，做到合乎原來目的才是我們要的，是非善惡對錯有時是一時的，正負向因為所在立場不同而有不同解讀，因為是人，所以會有正負向的分別心。

事實上，事情常會有一體兩面甚至多面的解釋與看法，所以初心本意決定事情的走向，而最終都會有屬於自己的完美結局。當然黑白兩道結局最終會有不同，但要理解黑不能損於白，然後選擇屬於自己內心的最大喜悅的一方，以及自己要走的道。

在宗教上的認知，大多勸人為善，但在修行上的認知，是無善無惡的，各有其依循的道理，太極有黑白混沌，兼容並納，無極在太極之上，涵納各種層次的黑白而無黑白之分，所以人的世界有無數正負向能量存在，這個存在並無形質，而是在事情結束後付予的評斷。每個事件都會有一個過程，在目的還沒呈現之前，正負善惡難分，不要在過程中的任何一個小時間點對整件事下結論。

所以如何讓自己快樂，不是堅持自己所見，所站的立場看事情，而是接受正負向能量並存，不排斥相對能量的衝擊，魔有魔存在的正向作用，沒有撒旦，上帝子民不會向上帝聚集，沒有鬼，神的存在會失去意義。所以依你的初心而行，達到你希望達到的目的，歡喜心去做，歡喜心去接受做了以後的結果，都依初心去調整腳步，然後達成目的。

其實在做的過程中可以無時無刻都是快樂的。

4－2緣份怎樣看？

順帶談一下—人決定就是天註定

緣分也是有保鮮期限的，也會隨著時間的推移而變化，之前提過，緣份不是快遞，來的時候不會要你簽收，所以緣分要到來或是要離去，其實也都只在你的「一念之間」，感受到了，接受了，就是你的緣份，感受到了，看他飄走了，那就不是你的，隨順因緣，其實也就是你當下決定如何做，當下接受決定的結果，沒有後悔，沒有罣礙，自在來自在去，這就是「修行」。

「緣」是一個情牽，一個牽引的力量。

「份」是一種命定，一個穩定的力量。

有緣有份，有緣無份，總是心中有累世的牽扯不能放，情放下，不牽扯，能解累世因果牽連，修行要能成仙飄然，需先放下各種牽絆。「情、財、病、劫、冤、親、怨、結」，修到心能放下，累世就能不牽扯。要靈能提升，就要除去靈的羈絆。

師兄在問：

如前世約定好這輩子要再當夫妻，但今生已相遇，也找到人了，但卻也分手了！這究竟是緣盡了嗎？還是當夫妻的時間緣份還沒到嗎？

這樣的問題怎麼解決？怎麼看待？

其實，前世約定如何驗證？當下兩人相同感覺說是即是，不用懷疑，為什麼今生會相遇，因為前世心有所求有連結不能放下，所以會有緣脈，今生會相遇；相遇是緣牽，相隨是情份，到底情有多少「份」？是由自己決定的。如果要累世牽扯，那就建立「心結」，讓靈尋緣，如果要斷清，那就心放下，心放下是沒有怨，沒有悔，不哀、不悲、不喜、不怒，所以在一起時用心對待，不懼不疑；緣份盡了，消失了，不追、不求、不悔、不牽掛，就是來了，就是走了，沒有殘念。就是一個自在。就是唯一單純沒有任何線牽的靈，就是自在。

所以「天註定」，到底什麼是「天註定」？

「天註定」其實就是你自己的決定。想一想，為什麼天註定是你自己的決定？

因為你的心決定了，就會造成一個結果，這個結果不管你滿不滿意，他就是一個你必須承擔的結果，因為你才是你自己的主宰，當上天安排一個對象給你，結果你不滿意，自己選擇了另一個對象，結果你窮苦潦倒，結果你被家暴，辛酸苦結，離了婚了，你會說什麼？你會說「註定的」，當初一個好好的對象不要了，卻選擇一個這麼辛苦的路走，真的是天註定的，但是如果是幸福圓滿的，你會說是自己的選擇還是說天註定；其實好壞都是自己選擇出來的結果。

所以你要怪天還是要怪自己，所以是緣盡了，還是緣未到？情緣到底有幾份？這幾份用完了嗎？其實決定在於你如何對待？如何看待？怎樣對待怎樣看待？就會有怎樣的結果。要不情牽，就只有認真面對，然後放下。

你才是所有事情的主宰。

天註定就是你做的決定。

4－3人間太極（一）了解修的道理—越修越開闊，越修越包容

為什麼要修？認知「人間太極」在修行上的意義（一）

說「人間太極」，只是要把太極拉近在生活中，不然一般人聽到「太極」兩字，頭就先暈一半了，太極真有那麼難懂嗎？其實只是被故弄玄虛，搞高深掉了。

我們看「太極」，可以把祂視為有兩股力量，這兩股力量說法是分「兩儀」，儀就是準據，就是準則，所以有儀器，有「渾天儀」，但是「太極」祂並不是分兩半，所以不是純白，不是純黑，更不是中間切開分兩邊，而是拖著尾巴旋轉的兩個黑白力量，他的樣態就像「彗星」，因為是動的，所以在主體之後拖曳著長長的尾巴，可知「太極」所顯現就是兩股動能的力量，這兩股力量又被限制在圓圈的範圍內，表示這兩股力量是「被約束的」，是有行動準則依據的。在約束的範圍內，兩股力量互相制衡成為一個「圓」。因為「圓」才能自在無礙的前進。

就太極而言：就是在一個有形的範圍內，互相平衡的兩股力量的運作型態，或是說：太極是說明一個「動態平衡」的原理。但是只要是有形體的，就會有界限範圍，超出這個界限範圍就會失衡，就會沒辦法運作；打破了平衡就會產生變動，變動之後又產生另一個新的平衡機制。但通常我們被教育的認知都是分兩半，分兩半就產生對立的狀態，對立就會停滯，沒辦法前進，沒辦法進步；但是停滯久了，壓力蓄積在兩邊各自的內部，壓力沒辦法宣洩，也會造成內部爆發而牽引產生變動。

所以為什麼修？修是為了一個圓融的狀態，這個狀態是要可以進步的，而不是靜止的，靜止的就沒辦法修了，純白也不用修了，純黑也不用修了。因為如果善是我們要的目的，但是社會已經純善了，需要修嗎？要修什麼？如果社會已經純黑了，還需要修嗎？可能已經不存在了？而如果沒有黑，那知道什麼是白嗎？

所以太極是要告訴我們什麼？

一、我們生活的地方是一個黑白、是非、善惡都存在的地方，這些是非、善惡、對錯的認知是沒有固定標準的，有普世價值，也會有主觀認知，會因個人所站立場的不同而各自解讀。

二、在太極範圍內所有我們所處的地位，一定會有一個相對立場存在，所以要去了解這個相對立場，不要以自己所在位置點為唯一思考點。

三、要容許相對立場的存在，並去取得這個平衡，而不是要去消滅這個相對立場，因為你消滅了他，還是會有另一個相對立場產生，當你了解你所處的環境必須是這些力量共同存在，並且能夠接受這些力量的存在時，基本上你已經跨越半圓的範疇了。當你能夠從這些對立的立場取得平衡，基本上你的心境已經提升到一個完整的圓了。

所以為什麼要修？為什麼要修一個圓融？當你站穩自己立場，又能客觀了解對方立場，然後願意接受從中取得一個共存的平衡時，那一個平衡點就是我們要修的地方，一個不失自己立場，又能跨越自己立場，又能從對方立場學習，然後把自己心境開闊去接受的一個方式。你會發覺，你不是失掉立場，其實是你又往前進了一步。這就是合道的修法，是心境越修越開闊，越沒有反對立場的原理，沒有反對並不表示融入對方，而是能夠容許與自己對立的立場一方的存在，能夠平衡它而共同前進，而不是越修越往一個點集中，越把自己侷限在自認為「太極白」的一個小隅中。

這種越來越堅持自己的修法就是「啄木鳥人」的修法，值得深思。

4-4人間太極（二）因為相對力量的存在，才使得兩方的存在產生意義

為什麼要修？認知「人間太極」在修行上的意義（二）

因為相對力量的存在，才使得兩方的存在產生意義。

其實「太極」代表的是兩個相對的立場的動態平衡，這相對的立場是互相制衡達到一個平衡的狀態，當失去平衡時這個太極就會毀滅，以往人們說太極，常常就是天地陰陽的理論，這離我們生活太遠。有人說人體是一個小宇宙，實際上人體本身就是多個小太極組成，例如血管包括動脈／靜脈，心臟分左心房／右心室，人體器官左右上下是一個相稱關係，

這是構成一個基本的小太極氣場的關係，而人也分男女，相對應於天地的陰陽，有不同的構造，不同的氣韻，所以養身／理氣就是一種修行。修的是身，修如何讓身體臟器能夠平衡協調，修身體的氣如何與宇宙大自然的氣溝通運行，這是古代求取長生不老的修行法。

而人所處的社會，也是由各個不同型態的小太極組成，基本的男女組成一個家庭就是一個小太極，構成這個太極運作的是男女個人的情緒關係，由於這

關係是每天相當緊密的碰撞接觸，如果再加上父母及子女，關係就更為複雜，因為已經不是單純一個小太極，而是多個小太極的緊密關係了，這關係是有上下（父子、母女）又有平面（夫妻、兄妹弟姊），可說是太極內有太極，太極上下又有太極。所以我們說家庭內關係最為緊張，因為是關係最緊密，接觸最頻繁，有時甚至是逃無可逃？必須去面對。

所以為什麼要修要在家修？因為要取得這個多元太極的平衡確實有難度，所以有人說「親人難渡」為什麼？因為既熟悉又緊密，既疏離又緊繃，所以家是最好的修行場。如果要取得「家」這個「太極」場域的平衡，除了人際關係處理的準則之外，還要有更大的寬容與包容，更多個人情緒的放下，還有對於「合道」狀態深切的認知。出了家庭，你與鄰居，你的家跟鄰居，跟鄰里／社區，又互相形成一個相對應的太極關係，但這個關係有些沒辦法逃掉（有管理的社區），有些關係就可有可無，可以不存在，所以碰撞跟接觸就沒那麼緊密跟緊張。

再大一些的團體，如里跟里之間，鄉鎮跟鄉鎮，市跟市，也都是有這太極關係，既合作又競爭，如里長去爭取建設經費，他可能必須跟其他里做一個競爭，或是跟市政府做一個角力的過程；就像六都，要爭取中央統籌分配款跟各項補助一樣，既要有競爭，又會要有合作的現象，也是要跟中央部會形成一個太極關係，如何取得之間的平衡，與滿足自己的需求，這就是要修行的地方了，要不要套關係？要不要利用其他更強的力量？要積極接觸到什麼程度？又不會造成別人壓力及反彈？這個都是在修行。

而會緊密碰撞跟接觸的地方，除了家庭，再來就是學校跟工作場所，而人跟人之間的接觸，就是會有順有逆，有好有壞，有競爭有合作，還會有爽不爽的種種情緒問題，這就是要認知的「人間太極」的關係；這些太極場域有大有小，小至兩人，大至一個大群體，把各種相對應關係的存在，都視為太極的運作，相對應方的存在是必然，課題是要我們去取得「重心跟平衡」。

修的是人際關係，修的是自己的心—心量越大，平衡越好。

舉一個大家熟知的例子，電影「無間道」的表達，警察是我們熟知的「太極白」的力量，黑道組織就是我們認為的「太極黑」的力量，黑道會培養人進警界臥底（白中之黑），警察會派人到黑道臥底（黑中之白），當警察貪污嚴重，（白中之黑），黑道就猖狂；當黑道興旺，政府就會來個「治平」來個

「一清」專案掃黑，然後又恢復這個太極力量的平衡。

而這個「臥底」的分子就更是需要修，一個不能失掉自己原本「白」、「黑」的立場（心的立場），但是卻又要做「黑」、「白」的勾當（身的行為），這中間的平衡的拿捏才是修行的真功夫；而事實上，黑道也有自己的「潛規則」跟「明幫規」，這就是「太極黑」中的白，所以太極是兩股力量的平衡，而不只是力量的對立，當對立時就失去平衡無法前進；或一方完全消滅時，太極的相對方其實就沒有存在的必要，都沒有黑道時，要警察幹什麼？都沒有「惡」時，有所謂「善」的存在嗎？又都是「純善」時，有修的必要嗎？就像極樂世界或佛國，要修什麼？這個「純善」需要存在嗎？純善這個名詞有意義嗎？

因為相對力量的存在，才使得兩方的存在產生意義，這就是要修要學的地方了，有惡才能了解並彰顯善的可貴，如果自己選擇善，如何在善惡之中維持自己的善，這就是修行路的重要課題，要隨時去修正自己的想法看法，而你若到達純善時，就可以成仙成佛，因為能達到純善的境界，真的是很神了。

如果你選擇所謂的「惡」，比如電影「偷天換日」「瞞天過海」，可以達到一個出神入化的境界又不被抓到，那真的是「神」偷了。用「神」字來形容喔，還有「賭神」也是。

太極的相對方是要讓你「學習」跟「校準」的，不是讓你去排斥的。

4-5人間太極（三）修行就是一個選擇跟堅持

為什麼要修？認知「人間太極」在修行上的意義（三）

人世間就像是一個迷宮的遊戲，越能看清迷宮全貌，越能修正自己。「太極」講的是一個動態的平衡，只有能圓融，才能繼續前進，所以太極不是方形有菱有角的，而是一個互相推動的動態力量構成的圓，所以在一個太極場域的大團體裡，有人扮演極白（或極黑）的中心的穩定力量，有人則扮演邊緣角色，是動態的力量，所以在黑白之間也就存有灰色地帶，這地帶是黑白之間的連結、交流的重要管道。

太極講的是「人間這個迷宮的構造原理」，它是容許天地、陰陽、是非、善惡都存在的，它是一個廣納包容，各種角色都存在的一個世界，所以說人世間就是一個迷，一個渾沌不清的世界，如果要破這個「迷」，只有去認知接受這個迷宮內裡面所有的構造，越了解越接受太極的全貌，就越能修正自己，就好像越清楚迷宮的路線，就能越快走出迷宮；但是去了解並不是了解後去涉入，而是讓你理解後接受它的存在，並利用它的力量成為自己的助力：

一個是「修己」，清楚善惡好壞的分界，才有維持自己方向的準據。

一個是「渡迷」，如果自己都不了解迷宮也陷在迷中時你怎麼渡迷。

太極的存在是一個選擇的學習，也是一個做為評量的準據。你不知黑所以會入黑而不知黑，不知有所警覺，你不知黑，如何去運作說服黑離開黑。所以要「渡迷」你必須知道迷的地方，要修己更要知道自己所迷之處。

所以「人間太極」講的是一個「懂」，「理解」和「接受」，而不是反對。人只是做一個「選擇」，選擇要「處」在太極的哪個位置？能夠了解接受「太極黑」的黑的存在及自身的不適合，才能夠讓你堅定知道守在「太極白」的愉悅，否則即使你在太極白也是想著在太極黑可能會更好？

所以了解「人間太極」的運作，身在太極白，而心的理解可以涵括黑白，這樣就能越修更開闊，越修越包含。想像一個在經濟窘迫無路可走的人，當他走向黑道或下海，可能是它生存下來的唯一可行道路，重點是走下去以後如何走回來，下海了怎麼上岸。就像很多黑道朋友，在有所成就後他要如何漂白一樣。

「渡迷」或許是修行人的功課，就像很多牧師法師願意到監獄去講經說法，這才是真正在弘法；其實也正因為黑白並存才需要修，「修」其實只是自己的一個「選擇跟堅持」，選擇一個「白」並堅持這個「白」的路線，努力做去，隨時修正並調整自己而已。

其實「人間太極」就像電腦遊戲一樣，如果遊戲之中沒有噴火恐龍，沒有毒菇，沒有怪獸，沒有陷阱跟惡魔，沒有對手，沒有惡人，你想這個遊戲會緊張刺激好玩嗎？你玩得下去嗎？那為什麼遊戲之中要有這些設計，那這些設計是憑空出現的嗎？還是遊戲設計者本身就設計在遊戲裡面？

人世間的生活就是一個電腦遊戲，偷搶拐騙，殺人放火為什麼會發生？因為創造者本身已經把它設計在遊戲裡面，是創造者允許的，所以什麼是人生，人生其實就是來過關，來破關的。能過關破關，才能體驗過關破關的喜悅。

若有「人間太極」的認知，你就能好好來玩這場人生的遊戲，你可以愉快的，自在的，瀟灑的在人生走一回。

4-6人間太極（四）修不是做法會功德，而是修接近神的思維

為什麼要修？認知「人間太極」在修行上的意義（四）

人為什麼要修行？因為我們所處的世界是人的世界，人多是非就多，要怎樣擺脫是非，一個是要能看清是非，一個是要能不涉入是非，再一個是要能處理是非。

每個事件事物都有一個脈絡可循，找得到根源，看的懂、看的清楚事件的脈絡，自然是非就不會上身，修行就像開車一樣，剛開始學開車，方向盤抓不準，就戰戰兢兢，努力想抓中線，卻又怕對向來車會衝撞，常常就靠非常右邊，大路還好，小路就要擦撞路樹電線桿，剛開始修行就像開小路，左右線道不很明確，卻會一直向右靠，那到底要靠哪裡才正確？到底要開中間線還是靠

右一點；學閃車，學停靠，總害怕怎麼會車。等稍微熟悉了，好像上了兩線道，左右分明了，但總覺得路還是不太大條，還是怕靠中線會與對向車擦撞，所以還是靠的極右，不小心還會自己撞到照後鏡，慢慢學會處理事故了，車子也熟了，心情就放鬆了，沒什麼壓力了，慢慢開車可以享受音樂了，享受風景了，再來就上四線道，就上高速公路，就輕鬆愉快了。這時候修行就是很開闊很愉快的狀態了，但是不小心出了事，要付出的代價也是更大。

所以為什麼要修？就是要修維持在安全的線道跟保持安全距離。

所以「人間太極」就像是一條道路，永遠要分兩邊，但是又可以互通，偶而會越線，但要修正回來，當你的心境越開闊，你就越懂得接受跟禮讓的道理，因為你開車是要到達目的地，而不是在路上競飆超速或讓他出事，所以你只要知道你要修到什麼程度？因為只有你知道開什麼速度對你是最好，所以修行的標準，不是世俗眼光的是非善惡，而是一種「空靈自在」的享受，修正的標準在自己心中，要求多高由自己決定，是一般道路，有一般道路的規則，是快速道路、高速公路就有更高的要求標準，不是在對的線道就不會出事，也不是在標準限速就安全，安全是要隨著路況做調整，操作衡量的標準因人而異。

因為白不是純白，黑不是純黑，了解這個道理，你就知道要如何修正自己了。

總會有人以為我走我的線道就安全，我守規矩，其他不守規矩的就是錯的，理直氣壯，硬是不讓。其實開車要的是安全到達目的地，就像修行，要的是歷練人生開智慧，讓心靈自在愉快，這樣像神仙才是修行的目的。所以偶而會撞車，學會事故的處理與調整應對心態也是好的。但如果一天到晚跟人爭辯，什麼都看不順眼不能接受，那到底要修成什麼樣子？

其實一般都是因為把黑白看的太分明太堅持，以至於為了是非黑白僵持不進，其實真的是浪費心力、浪費時間，就像政治，如果把它看成主流跟非主流，看成執政黨跟在野黨，每一邊都有它的善惡、是非、對錯、黑白的立場，你堅持立場只是爭辯，重點要能清楚自己的標準在哪裡？目的是什麼？如果你能認知，其實太極只是一個平衡的運作關係，遇到問題你要的是「解決問題的方法和能力」。要來維持運作維持平衡，而不是爭論誰對誰錯，應該就可以比較自在了。

其實你的相對方就是你的人生對照組，而相對的太極兩邊都有它的是非善惡對錯的標準，重點是你要把自己的選擇放在哪邊？如果人的世界是神明創造的，神明創造也都可以接受偷搶拐騙的存在這個人世遊戲間了，你能做的就是學會神明的思維，接受所有事情的發生，了解事情發生的來龍去脈，然後對遇到的事情學會去處理的智慧，修就是修對你自己選擇這條路的初心。

在紛紛擾擾的人世間，去堅持做到，用初心檢測自己，時時修正。

4-7人間太極（五）人間太極的精神？

為什麼要修？認知「人間太極」在修行上的意義（五）

靈修是要修心的跨越，而不是修心有針對。

為什麼要來去認知「人間太極」，因為我們生活的空間就是一個「大的太極場域」，這個大太極域包含千千萬萬小太極場域，每個小太極又有各自運作平衡的方式與力量，人間太極的精神就是「心中要有相對方的存在」，這個存在不是對錯善惡，而是承認它「就是存在」的一個事實，它是一種已經發生且存在的現象，不管你承不承認它的存在，它就是存在，即使它跟你的想法觀念是相違背的，當你要處理任何事物時思考並尊重他的存在，那就會產生平衡的效果。

通常我們對於我們所看到的，所認知的都有一個自己的定見，這個定見就是形成我們的立場的主軸，而這些立場認知就是從小所遇到、所體會的人事物現象，以及家庭朋友學校社會所灌輸的觀念，我們這樣遭遇，這樣學習，這樣處理事物，有時候只是被教導，被經驗，被學習後留下來的思維模式，這些觀念模式在腦海中定型，然後就形成自己對是非、善惡、對錯的評定標準，這些標準有的符合普世價值，有的是自己成長經驗中獨特的概念，但通常自己都是以這些思維觀念為主要價值，生活在其中然後習慣它，它就成為自己生活中的「道理」跟「標準」，卻從來不會去思考為什麼會這樣？所以就形成一個一個的自我限制的框框，遇到與自己價值觀、想法不同的就去爭論，就去反對，就要去教導人家。

比如說：釋迦，芭樂，不能拿來拜拜，女生月事來不能進廟，什麼銀紙不能在廟的金爐化掉，只是就跟著做，也不知道為什麼，就是擔心害怕？自己信了天主教／基督教，其他就是邪教，愚民；自己信了佛教，其他的教就是外道，都認為只有自己的才是名門正宗，才是正統，這就是把自己侷限在一隅，其實各個法門都只是修行的一個方法，就像要去會驪山母娘，不管搭人家的車，自己開車，坐客運，騎車，到得了的就是好的方法，難道開賓士的就算是正統嗎？坐遊覽車就不正統？不小心心念偏差出了車禍或車故障，正統有用嗎？需要去看輕開「銅管車」的嗎？或嘲笑發心騎自行車上山的嗎？你又怎樣認定自己的方式就是賓士車的方式呢？

所以「人間太極」的修行，是要能跨越自己的既有認知，去接受相對方存在的事實，去理解相對方存在的原理，然後好好做自己該做的事，我是騎自行車上山會靈，我就好好穩重踏實的踩好我的每一步，但我知道開車上山，坐車上山也是一種好方式，不用去排斥，不用去反對詆毀，也不用羨慕忌妒，把自己心量放大接受，因為神佛是無限接受的。所以祂允許也接受人世間是非、善惡、對錯、好壞的同時存在，各種事物，各個宗教法門的同時存在，這才是完整的太極（世界）。

就像你只接受自己能認同的事而堅守這個認同且有排他性，基本上你已經將自己自限於這世界的一小角落了，你越縮小範圍，你就離神尊越遠，因為神尊是如此開闊的接受所有事物的存在。就像佛教，少了淨土，少了藏密，少了禪宗，少了唯識，它就不成為一個完整的佛教。這個世界，少了基督／天主，就只剩下亞洲跟非洲；少了佛教，少了道教，就沒有中國；少了阿拉，就少了中東，印尼，就不是一個完整的世界了。

所以靈修修行，就是要跨越自己原本的認知，接受太極內大大小小與自己認知不同的人、事、地、物，把自己心量放大放大再放大，要認知只有心量越大，包容越多，能令你生氣令你煩悶的事才會越少，處理事情的能量就越強，阻礙會越小，自己的執著才會慢慢不見，因為你會見到更為廣闊的世界，會知道執著自己的想法觀念，價值觀就變得沒有意義了。因為你的思維已經越來越接近神尊。

想過嗎？神佛是允許所有的事件發生在這個世界上的，祂也允許做錯了要被懲罰，要被制裁，祂也允許做錯了可以再修正；所以允許各種事件存在，讓人各自學習，這是神尊的概念，靈修就是接受跟學習，然後去做到而已。

把自己心量一直放大到與神尊的心量等量，你才算修成了。

4-8人間太極（六）相對方的存在只是為了襯托自己的價值

為什麼要修？認知「人間太極」在修行上的意義（六）

認知相對方的存在價值，只是為了襯托自己的價值

「人間太極」只是一個觀念上的認知，認知相對方的存在價值，只是為了襯托自己的價值，當你把相對方抹滅時，你的存在價值也將被抹滅，所以要從相對方去學習，去增補自己的不足；因為是相對，所以是不站在你這邊的，那你對他的所知必然有限，這就是你所欠缺的地方，當你融合自己去認知相對立場時，你的境界自然就開闊了一層，因為對這個「小太極」場域，你已經可以理解接受，那這個小太極的問題已經不構成是你的問題。你在這個範疇內就可以自在，沒有干擾，因為你的能力已經足以處理這個太極內的人事物，你不斷的在做融合，你的心量境界就不斷的在提升，最後對於這個小太極場域你就有一個最好的境界，叫做「超然」

「超然」就是一個「無極」，就是跳脫這個小太極場域的立場，「超然」來自於對各個「小太極」場域的了解與接受，因為你了解了「小太極」雙方的

運作模式，及了解各種可能會產生的結果，所以這個「小太極」是在你的掌握之中，這個掌握不是你要去改變或控制它的結果，而是可以引領到你想要的結果，並且因為了解接受而去隨順它的結果。

就像「集合」一樣，如果你的集合的範圍是涵蓋整個城市，那各個小里小社區（小集合）的運作模式，都只能在這個大集合裡面變化，出不了大集合的範疇，此時你就可以游刃有餘的處理小集合的問題，因為你的能量是涵蓋的，你沒有也不需要向哪邊依靠，所以你的立場就會不見，客觀就會跑出來。

客觀的先決條件就是要沒有立場，沒有偏頗，自己不在其中，這就是一個「超然」的立場，所以認識「人間太極」的目的？就是不斷訓練自己，把能包容接受的範疇不斷擴大，唯有接受並了解「人間太極」，才能不斷的跨越自己的界限，因為要讓自己不在「太極」中的唯一方式，就是提升自己超越原有的太極（自己的立場），由「小太極」不斷擴大到「中太極」「大太極」，一個一個範疇不斷超越，最後以宇宙真理為自己最大範疇，這就是「修靈」最終目的。就像里長做到鄉鎮長，再做到縣市議長縣市長，再做到立法委員或部會首長，乃至院長總統，自己所認知與思考的層級會不斷提升一樣。

「人間太極」是人世間的法則規範，最後擴大心量到以「宇宙太極」為法則規範，這時對「人間太極」的立場而言，「宇宙太極」就是一種「超然」，就像神尊在看人世間一樣。

最簡單的，其實「中集合」對所涵蓋的「小集合」就有一種超然的地位，當你「超然」時，其實就有一種「神的立場」的樣態。用一個比較熟悉的比喻，就以棒球來說，比賽的兩隊，可以說是太極的相雙方，雙方各有立場，各自為自己的立場奮鬥，棒球教練就像老師一樣（也好像是修行團體的老師），訓練並帶領自己的球隊，要來爭勝，希望脫穎而出。「裁判」的立場就超乎球隊，它是相對客觀的立場（不是絕對），而「棒球規則」就是一個「超然」的立場，所以棒球規則就好像是一個「宇宙太極」，它就像神一樣，有它絕對的地位，拿到世界各地都一樣的準則。

而「裁判」就像神的代言人，必須經過各種訓練跟考驗，判的不好也會被處罰或取消資格，而兩隊的教練或球員就是太極的兩邊，當你具備「裁判」的能量時，比賽的球隊就是小太極，而涵蓋教練球員裁判及「各級棒協」的這個集合就是一個「中太極」，再涵蓋「國際棒總」及「棒球規則」就是一個更大的太極，它是一層一層提升的，中太極是小太極的神，大太極對小太極，中太極更是神的地位。

所以認知「人間太極」的目的就是要超越太極，達到「超然」的地位，這也就是靈修及修靈的最終目的，當你堅持在我是某某教某某派而去攻擊其他宗派時，你能想像你所處的位置是在哪裡嗎？當然只是比賽的球隊裡面的球員或教練而已，哪你要提升的方向在哪裡？往教練？往棒協？還是爭取國際棒總的理監事。

4—9靜坐調心—如何處理與看待靜坐的雜念？

靜坐是靈修的必要功課，是要達到一個息心止念的狀態，進入一個沉靜的境界，但要達到這個境界並不是一定只有在打坐的形式下可以達到，行住坐臥間任何形式都可以達到，只要在規律的韻律下，都很容易達到放空的境界。

之前我們提到靜不下來的一些外在協助的方式，但根本之道是要了解心的作用，理解造成這些現象的緣跟因，去做接受調整的動作，常常我們要勸人修行，都還是以請對方打坐靜心為主要進入的途徑，但也常得到的回應是：我靜不下來，坐不住，打坐時雜念一直上來，心很雜亂，這是普遍會遇到的現象，但通常都無法解釋為什麼？只能一再請他再嘗試坐坐看，但就是會有坐得住跟坐不住，通常這種現象可以歸類為幾個現象：

第一個就是他本身還不到要修的靈體。

第二個就是累世緣（因果）的干擾。

第三個就是俗世牽累太多／心念太多。

第四個就是心態過急，想要速成。

如果以其本身還不到要修的靈，通常勉強不來，頂多請他多多拿香拜拜可以求心安，如果是因為累世緣干擾打坐坐不住的，我們可以這樣來說明：

要進入打坐修行，就有點類似想脫離目前居住的環境或地方，好像是要離鄉或出國去打拼（正向提升）一樣，那我們欠他債的，他要討債會來要債阻擋，跟我們比較親近的也會不捨想留我們（我們付出較多的），所以這好像累世緣分的牽扯，不自主的就會來干擾。

那進入修行就是希望擺脫這些干擾，但是我們不欠人家的好捨棄，我們的債主就不好擺脫，所以干擾較大，這種通常處理就是會請神尊當調人（好像請律師或中間人做債務協商），因此會有所謂「淨靈」「祭因果」等方式來排除干擾，讓靈清靜下來，但這種方式也只是暫時處理，根本解決還是需要自己修行後的功果（或增強能力）來作償還，所以當你修行沒有穩定下來（好像賺錢不順利），這些干擾又會進來，怕你賺錢賺不了還不起，先討先安心，所以有時還是會心有動盪靜不下來，還是需要再請神尊做適當的協助。

另一個是俗世牽累心念太多的現象，要靜下心來打坐，則需要認知造成這種現象的原因，要有耐心一件一件處理，這就需要比較堅定的心態，這樣說好了：我們的體跟心就好像一個容器或一間屋子，在成長與人接觸的過程中，一些不愉快，一些挫折常常積壓在心中，造成身心的不適，沒去清理，這就好像一間屋子，積壓很多垃圾灰塵，平常沒在打掃：有一天忽然想到要調整自己心裏了，要來打掃屋子了，但是不動則已，一整理起來，滿是垃圾灰塵飛揚，好像比原來狀況更糟糕，這個擺飾要擦，那個窗戶要洗，爐臺油煙要清理，看一看，想一想，還是算了，就像要打坐一坐下來，塵封往事一一浮現，親人、家裡、朋友煩雜事一堆都上心頭，怎麼坐得住，算了，要怎麼清理？只好請人來打掃（請神尊幫忙處理），但是沒多久又是煩事一堆，為什麼？家裡請人打掃，但是自己沒學會保持清潔跟打掃的本事，所以很快又是髒亂的一個家，好像打坐沒學會處理自己念頭，雖然請神尊幫忙淨化，但很快遇上事情又是心煩意亂，原因無他，缺乏耐心，讓自己靜下來體悟，沒有學會自己面對解決處理，一樣缺乏處理的智慧，所以靜坐要怎樣調心？

一個看待心煩意亂的現象最重要的心態就是要「忍得」，靜坐下來就像是要清汙要割除褥瘡一樣，就像要清除水溝汙泥，一清下去水馬上變混濁髒汙，這時候要「忍得」髒臭痛苦，要認知這個時候的髒汙是過渡時期，要認知混濁之後才有清澈，要接受並忍過這個陣痛期，這個「忍得」是因為有方法有目的，而且可以預期它的結果，所以要「忍得」，而不是盲目的忍；這就像打坐時各種念頭會浮上來，其實就是靈在整理先前身心所累積的各種不愉快或者是創傷，或是對以前種種未整理的部分做一個整理，或是對目前處理不好或即將要處理的事情提供意見。就好像打掃屋子，對所有東西要一件一件擦拭，那一件一件清理，用不到的壞掉的該丟要丟，此時反而會先出現比之前更雜亂的現象，就像清水溝時原本沉殿的混濁一直揚起來一樣，但是清理之後，一個地方一個地方慢慢清潔之後物品歸位，漸漸的清爽乾淨的感覺就慢慢出來了，就像水溝清理後的再度沉澱時會更清澈一樣，身心就清爽愉快了，所以清理沉澱需要時間，自己一件一件去接觸去做過，慢慢的就會身心清爽，就會坐的下來；但是有的就坐的很煩亂就不想坐了，就像打掃房子要擦了電視機還有音響，還要拖地，一想就累了不想清潔了一樣；所以一個很重要的心態，不能急功近利，要按步就班一件一件來。就像清潔房子，不可能像卡通演的一樣，神仙棒一比，全部煥然一新，這是很不可能的事。即使先天通靈者仍免不了這種現象。

所以打坐看待雜念浮現的心態，就是用「看待」的心情，好像與己無關一樣，就是一件一件做去而已不多想，讓念頭過去就好，念頭過了就是在整理，不要去追念頭。慢慢處理過往事情的雜念就會越來越少。再來就是會出現現在在做的事情的念頭，當你在修行的過程中，慢慢學會處理事情的智慧，對現在正在發生的事越能把握，煩惱越少，打坐時出現念頭的機會就會越降低，就越能靜的下來。

所以首先要認知並接受，「雜念」是要清理自己身心必要經歷的過程，他是靈在整理身心不愉快的一個過程而已。

調整身心不能急，要接受並度過這段清理水溝的混濁時期，並且智慧的處理目前遇到的工作與事情，避免製造新的不愉快，要用看待的心態等待，並學會自己處理身心狀態的能力與智慧。而不是凡事求神拜神靠神，期望靠神祭解得到輕鬆愉快，那不是長久之計的，對自己提升也沒有助益。

4－10「烏鴉嘴」的認知與看待

如何看待通靈體質的預知能力

常有很多具有通靈體質師兄姐會提出這種疑惑，對於夢中或打坐中看到或聽到的事件，或是平常生活中感應到對方的禍事或卡到討報的事，到底要不要告訴當事人？要不要幫他們去處理或解決？會不會牽涉到洩漏天機的問題？

那也常聽說幫人處理了，結果衰事降臨到自己身上，那到底為什麼要告知這些事？又沒能力幫忙處理，真的是很為難！

其實具備這種體質的師兄姐，只要稍加靜坐提升靈質，能清心淨心，再注重調整自己的修為，正心念不貪取，應該都是要幫神尊辦事的準候選人，但是通常這些師兄姐都有很多的擔心害怕：

一、擔心被神尊選中要辦事，要開宮，要設道場，沒有錢。

二、擔心會花很多時間，沒有了自己生活。

三、擔心如果代言傳錯訊息，是不是又造業了。

四、對於傳統宮廟乩童辦事方式害怕，怕跟乩童一樣要操五寶。

五、害怕自己都沒經驗，問事的問題又百百款。哪有能力處理。

六、覺得自己都還沒完全通，還沒學到還沒學會。

其實「通靈辦事」是很自在的，就像現在很流行的「隨緣度化」，並不需要專職去做，通靈是隨時隨地可以問事辦事的，只是自己要抉擇場合，也要過濾對象，也並不一定要自己開宮，需開宮的自然有開宮開道道場的人，通靈辦事是很自在清淨，很隨緣配合，很單純的。

再來要認知真正辦事的是「神尊」，即使有什麼業，也是神尊在擔責任，做代言人只需心正意誠，單純傳達，即使你理解神尊的意思有誤，神尊也會在傳達的波頻中微調，讓信者接收的是正確的訊息，而很多在辦事時需要的知識與能力，其實在辦事中自然會接到訊息，神尊會直接傳達該如何做，該準備哪些物品的訊息給你，其實就是「做中學、學中做」，所以擔心自己的能力不足是多餘的。

因為不是人在辦，是神在辦。你只需放空人的思維接收神尊訊息就好了。自己感應到的，自己接收到的才去說才去做就好了，沒感應到或沒交代的事不要無中生有，只要不要因為要炫耀或自大而自以為是神就好。

所以要配合神尊辦事，一個要有單純的心，正心念不貪取，再來就是謙虛低調的心態。

至於為什麼會有「烏鴉嘴」的狀況，為什麼要先讓你預知一些事情，當然事情給你了，就是要看你如何處理，要你學智慧，也是讓你「練習」的機會。其實事情要做到「出神入化」，並不是智商高或是學很多技能，而是一再的練習，練習才能讓你熟悉，才能讓你通徹道理，才能悟，才有能力衍化。

但是為什麼「預知」的總是一些不好的事呢？

其實道理很簡單，你在道路上行駛，一路平坦順暢，還需要告訴你什麼嗎？只是順順開去，祝你行車愉快就好，那為什麼會提出警告，要先告知，就是希望消彌禍事不希望出事情阿，所以前面車禍了，塞車了，道路施工或是道路崩塌了，因為已經出事或有可能要出事情了，所以特別提醒。不提醒就真的出事了，所以預先告知你；告知你，當然是要你去立警示牌，你可以做可以不做，做了有功，不做無過，就只是自己停滯無法進步而已，所以哪有什麼「洩不洩漏天機」的問題，都已經告知你了還洩什麼天機？是天機就不會告訴你了。

那警示牌要立要怎麼立，這就是學智慧跟增強能力的時候了，你是用路人，你可能剛好有三角錐或警示牌，你就趕快去把這個警告標誌擺出來，提醒其他用路人；再來通知警察來指揮交通，再來警察會通知公路局等相關單位，如果你是施工單位，是養工處，就是要來立大型標示牌及規劃施工，進行整修排除障礙，所以告訴你，讓你預知，並不是要害你，是要幫你建立處理事情的能力和經驗，不要害怕。

那你只有預知能力，還沒辦法辦事，沒關係，運用資源，要讓對方相信，然後再找相關單位處理，或利用相關單位讓對方相信有這些事，那處理也是相關單位在處理，並不是你，要擔心卡到什麼業嗎？所以有什麼好害怕，要清楚自己是在什麼位階，知道就處理這個位階或自己能力所及之處就好，其他就是「借力使力」而已，如果都認為是自己要做，不考量自己能力，那到處替人擔業是必然的。就像你跳出來替人家擋債一樣，對方豈有不找你討的道理。

所以處理「烏鴉嘴」，每講必中的問題，到底要怎樣做？

1、以講述事情案例的方式告知，而不是我告訴你你將發生什麼事。

2、有告知後研判對方聽不進去，不要硬說。

3、利用宮廟或神尊的立場的方式告知，讓神明去擔。

4、找有能力處理的人去轉達告知。

5、要找有在辦事的師兄姐幫她處理。

所以千萬不要硬著頭皮去說去做，處理的方式對，就可以達成任務又不會反射到自己身上，至於是否洩漏天機的問題，之前文章已有提過，可以參考。

那有這種能力的人，恭喜你們是神選的人，但是要否？或能否？到底會不會做代言人，就要看你是否調整自己心態，把自己修到一個與神性品質更接近的個體了。其實是自己的選擇，用一個愉悅的心態接受並有智慧的把它做好，才是人神兩利，雙贏的局面。這個才是神尊要的。

神尊不會去選一個心不甘情不願的代言人的，所以很多通靈人也是失業，沒有神尊願意幫他承擔責任，跟他配合辦事的也所在都有。只靠自己的靈辦事是很危險的。

第伍章：無極道的簡單自在—靈本無形，借相修真

無極是一個「無」的狀態，
把心修到沒有立場、沒有極盡的境界，
就是一個「無形」的無盡包容的心量。

5—1淨我還真，簡單自在—農夫法則，修自己要有的自覺

修是修一個身心靈合一自在，靈修真的是單純自在的修行，它跳脫了傳統對身心的術／法／丹道的修練，而取於遵循自然法則的因緣脈絡，不以人力橫加干預或強取強退，因此在打坐的過程中，對於自身所感受，所接收的種種覺知，都以「人意之外」為準則，非本身觀想及意識追求而來的感覺，因此在打坐修習過程中，放輕鬆自然，去除己意非常重要，而最終則是合於指導靈的靈意，不會有自身的壓力或是扞格相左的現象，就是一個身心靈相合的狀態。

而修行為什麼要淨我還真？

淨我—去除人為附加於本身的各種觀念、思維、做法。

還真—回復本來純淨無染的單純境地。

人出生後，不斷受家庭學校社會甚至各種修行團體，灌注各種想法觀念而成為個性，受各種團體薰習認知成為自己的所知所見及價值觀，但對於這些想法看法觀念，卻沒有能力去評斷，只能當成是自己成長累積而來的知識，事實上也只能這樣。人只能在既有的認知基礎上逐漸成長，正確來說應該是在既有

基礎上逐漸修正，但一般人通常是以既有的價值觀為準則，用於批判他人的所見所聞，而以自己識見為真。所以一般修行只是在既有範圍的基礎上往上疊床架屋，當然，法門千萬，不必然對錯，只是侷限。

所以要修行，除了專精，也要廣納博采，做為自我修正的資材，去蕪存菁吸收之後，又回歸本然無有著附的狀態。像海綿一樣，吸水了，可以消化儲存了，又回歸水分瀝乾的狀態，如此建立多樣性的基礎與學習管道。而去無存菁的標準則在於自然之道，天地萬物生生滅滅循環不息的原理原則，只有不因人、事、時、地、物改變而改變的準則，才是真理，所以修行要看的是自己，是對外界事物觀念認知的內化能力。那怎樣算是「身心靈合一」？

法術很高？寫符畫令很強？很能講授仁義道德？或是能接收降詩降文，傳達神明旨意？這樣算「人神合一」嗎？算「身心靈合一」嗎？不是的，人神合一，身心靈合一，是一種自在，它是一種自在的狀態，身心靈是一貫的，不用磨合掙扎，起心動念到言行舉止都只有一種標準，一種你不用擔心他人是否敬重我？一種你不用擔心言行舉止被人質疑，一種不用天人交戰的平和現象，它是一個沒有謊言，沒有秘密，沒有分裂的一種狀態，它是不管所思、所言、所行，不管何時、何地，都可以不假思索的做事說話，而心裏沒有任何違拗的感覺，它不會因為神在或不在而呈現不同樣態，它是因為自己的坦然而自在。所以必須不斷的讓自己清楚自己所作所為，是否符合天道自然的法則。

對於「修行」，有的人很害怕講修行也不敢承認修行，怕把修行的標籤貼在自己身上，也自認為不講修行就是脫於流俗就很清高，其實「修行」也不過是就自己所思所言所行，不斷的去看清，不斷的去檢討修正，然後在不斷的修正之後去付諸實現而已。它要「敢承認」自己的不完美，它要面對自己的不對，然後去修正自己的不對，修行是一種「非常的勇氣」，通常我們看到的常常是要「修正別人」，因為我們很容易拿自己所學做標準，然後以此去評斷別人是否缺失，再去要求別人；或是要把自己所修所學強加於別人身上，常常造成別人的壓力與反感。

其實不用的，你自己所說的是不是就是你所做的，你的言行是否合一？就是能否吸引他人接受的重要原因，所以修行「修自己」就要有一個很重要的體認；那就是「農夫法則」，農夫耕作種植的作物是蔬果稻麥，花樹種子是農夫選的，種植以後想要豐收，是農夫要去翻土、施肥、除草、疏枝，成長收穫好不好，取決農夫檢選種子，依時而耕作否，有做防災防蟲嗎？結果土攘不適合，肥料不適合，沒按時除蟲除草，請問長的不好，收成不好，誰要檢討？要檢討什麼？修自己就像農夫耕作，你能叫果樹自己選土地嗎？能叫蔬菜自己除蟲施肥嗎？所以災害造成損失，是誰的責任？凡事都只能自己檢討，你檢討別人就像檢討果樹，說它沒按節氣成長，那是於事無補的。只有檢討自己，土壤不適合，下錯肥料，去問去學，重新選種，找到適合的肥料，災害防治沒做好，找到可以抗災的材料重新整治，當一再的學習調整之後，才能得到得心應手的工作狀態。

這就像身心靈合一，不用擔心種子、土攘、除蟲、除災，一個很自然就會，很自然就收穫的狀態，就是不斷的修正自己而已，永遠只有自己沒去處理好，不是土壤的問題，不是種子的問題，不是肥料的問題，也不是蟲子的問題，就是自己沒認識清楚，自己沒做好的功課，去找到對的地方，去找到會的人，去找到適合的方法，去找到對的修正方向。

修行只有往自己內心去走，把每樣侷限都突破，開闊就是往無邊無界的方向發展。

依循自然的道理，找到天地宇宙都能認同的道理，那才是真理，才是修的方向，不管是佛道儒回或耶穌基督。

5－2神通會妨礙修行嗎？要怎樣看待神通

神通只會妨礙不修行卻想要神通的人

最近看網路文章，看到「神通會妨礙修行」的論述，有些修行人也會有把神通當成洪水猛獸的現象，主要是緣自於對靈的區塊的不了解，其實只要輕鬆去看待就好。

那到底什麼是神通？在道教的術法修習中，很多人都會練「法術」，比較廣為人知的就是茅山派，那比較正統的道派會不會也練法術？當然也是會有，符令、指印、練丹、經懺—應該都是必學的吧，但是這些都是人有意識的去修練而來。

那真正的神通要指什麼？神通應該是自我感官能力的高度開發，是指不靠人為物事的輔助，在修行過程中與無形界神靈自然溝通後，由神靈所賦予的能力，神靈是藉由賦予人這些能力去執行神靈要藉由人去執行某些認知的狀態，而這些能力是常人所沒有，所無法達到的能力，而這種神靈賦予的能力是擁有此能力的人可以控制的，此人與賦予他能力的神靈之間是可溝通的，所以如果神通這樣界定，應該就很清楚。

神通是一種能力也是一種工具，這個能力不是靠人為事物輔助得來的，這個能力可以處理或達到原本人沒有能力做到的狀態。而這能力是經常性存在而且是可以控制的，這個能力的來源也是清楚的而且是可溝通的。

所以神通應該也可以說是靈通，人只是一個介質（中介的材料），這個介質的修為心性是要為神尊所認可，那這些能力是怎麼來的，我們來說「武林」好了，武術練功夫一定先從基本功做起，站樁紮馬練體能，先從正拳學起，再學整套拳法或是兵器，一套一套練來，同時為內功（內力）打底；當基本功紮實，拳法嫻熟，武器部分再慢慢加上來練，「葉問」講的，不是南拳北拳的問題，是練拳的人火侯到不到家，內功到不到位，武德修不修的問題；真正武林高手，不是神阿，但是用兵器可以出神入化，隨手可為兵器，那出神入化的部分再有稀世兵器相助，那真是如有神助，所以神通的部分就是如有神助的部分，神通可以說是稀世兵器，講白一點也就是「工具」，寶劍在手，沒有真功夫，很快就被掠奪走，甚至還賠上性命，寶劍是要配英雄俠士的。

所以神通要配足以駕馭使用神通的人，基本的修行功夫，正心正念正行，能不為外界事物所誘惑，為所當為，行所當行，言所當言，當你心性修為足為所用時，神通不一定會來，但來的機會很大，你不去爭不去求，但自古「寶劍贈英雄」，你是不是英雄俠士很重要。

所以你修行需要追求神通嗎？不用追，還在紮馬時期，還在練基本套數時追也沒用，不用追，當你功夫出神入化時，也不一定需要寶劍，要做的是，「勤練功」「勤打坐」那為什麼說：「神通會妨礙修行」，會妨礙修行是因為在追求神通，忘了基本功，就是所謂「捨本逐末」的現象，既然說神通是你修行足夠了，所加給你的特殊能力，那重點是因為要交付與你某些工作，所以要給你這些能力。就像特種部隊一樣，因為他是要去執行特殊任務，所以給予不同的訓練，以造就他的能力，如果你都不受訓，或是無法接受考驗無法結訓，那是沒辦法具備能力也沒辦法執行任務的。

所以神通要不要追？

你想要神通那你是否具有擁有神通與運用神通的必要功夫與心態，是否回過頭來，紮實自己的心性修養，紮實做功課比較實際。再說，神通只是要你辦事所賦予給你的「工具」，那工具的運用之妙存乎一心，你要如何使用工具呢？不用思考這個問題，只有還沒具備使用工具能力的人才需要思考如何使用工具，因為賦予你工具的神靈會在你修練的過程中教給你，如果你都不修練，即使賦予你神通，只會傷到自己，因為刀劍兵器無眼，它是中性的，死的是武功低弱的。

所以神通會不會妨礙修行？德不配位，一味好高騖遠者就會受影響，「神通」只會妨礙不修行卻想要神通的人。

5－3無極道（一）—靈修的目的

人間太極的最終要達到的目的是「精神」上的提升

靈修對於一般人來講是很神奇的，也有人認為無稽是人在搞怪，因為靈看不到，摸不著，又沒味道，所以即使是本身從事神職工作的人，如果沒有真正進入靈修的領域，對於靈修的人所展現的各種現象仍是「質疑」的，更何況是沒有接觸或是排斥宗教的人。

如果要說怪力亂神？其實靈的區塊應該要可以說是更科學的。何謂科學？科學就是經過不斷的紀錄統計歸納整理，像是動物學家透過長時間的觀察紀錄，像是紀錄「鱷魚」的就是鱷魚的生態行為學而有「鱷魚先生」的稱號，如果不斷的透過實驗去驗證並記錄下來而得到的常態的現象，就是物理學家或發明家，像「愛迪生」先生就是。而「靈」的存在及作用，科學家仍舊是想用有形質的方式去驗證祂的存在，比如說人死亡後重量的差異，或是用「光輪」的顯現及其色溫變化來證明靈的能量的存在。當然能夠物質化是最理想，因為一般人還是比較相信「眼見為憑」，但事實上，眼界有限，解讀不同，眼見真的可以憑證嗎？

就像監視錄影機，還會有很多所謂「死角」或「影像模糊」的狀況，或是物質物理上仍會有其極限，如照相機「快門」速度還是有其極致，這是有形物質必然的現象。

只要有形，有質，就會有極限問題，包括語言、文字、聲音、光、電等等。所以有些現象會讓人詞窮，有時會斷電，會遮光，即使是難以目視的電波，光能，電能都會有時而盡；所以只要落入「有形」，就會有所形質的侷限，就會有時間限制，就會有量能耗盡的問題，像是人製造的機器如汽車，手錶，大自然的河川，礦石…等等。即使是人本的肉體，都會有使用期限。再者如人的情緒感覺，也是因人而生而滅，所以也都有期限的。就像之前最流行的一個說法：「愛情」也有「賞味期」。

這就是七情六慾的真相，你會說人的感覺是沒有形質的，它就是一種感覺而已，為什麼會有期限？

根本原因，在於它就是在一個有形質的物體內所發出的波頻，在有限的空間時間內的物質所發出的波頻，所以它的存在最多也只限於這個有形物質的存在期間內，就像汽車引擎發出動能，也只在引擎有汽油的期間內，汽油沒了或是引擎壞了，報廢了，它的動能就不存在了。

所以要如何驗證「靈」的存在？就像如何驗證汽油產生的動能，或是如何證明「電」「電波」「光」的存在一樣，只要找到引擎，電器，手機，收音機，找到暗室跟電燈就好了，當然不必用汽油淋身點火啦，讓需要用電的物體通電可以作用就好了。找到手機或收音機，通電調頻就可以通話或收到各種資訊，所以找到「通靈人」「驗證」「靈」的各種功能及現象就可以了。透過不同「通靈人」不斷驗證或重複驗證就好。

所以靈修過程只不過是在做「實驗」的過程，沒有得到想要的結果，就繼續實驗，繼續找方法，繼續修煉，就像「愛迪生」要找到可以發光的「鎢」一樣，就是不斷的進行不同材質的試驗。

「靈」是一個無形無質的「智慧生命體」，如果持續想用有形的方法去求得，那不啻是「緣木求魚」，不然就是靠「機緣」。因為是無形，所以不受限於有形物質的時間空間，什麼東西可以跨越形質的限制？那是什麼？那就是一種叫做「精神」的東西，「精神」是比較能形容靈存在及運作的「名詞」，而實際上運作只是自己不斷的提升的感覺而已。

所以「人間太極」靈修的現象是層層往上的現象，每上一層就有另一種形式的跨越，那就是對之前一層太極的一種「超然」的精神，這個超然不是形質上的跨越，而是一種「精神」上的跨越，就像我們爬樓梯往上，在第一層所看到的物質視野的範圍就是那麼大，當上到第二層、第三層時所見到的視野範圍就超越了第一層，所以「登泰山而小天下」就是這樣，所以經歷過第一層，上到第二層，第一層的經歷跟所見就顯得渺小，就顯得微不足道，識見越廣，心胸就越大，所以當你上到第五第十層，上到泰山，你的識見閱歷就會無限增加跟無限寬廣，對所經歷，所見的事物就更具理解度跟包容性，所以每高一層對前一層就會有「超然」現象的產生，這個「超然」其實對前一層而言就有一個「無極」的感覺，因為是精神上的超越，識見閱歷上的超越，是一種精神面及智慧面的提升。是一種懂、理解、接受的感覺所以要怎樣修到「不計較」，當你有1000萬時，對1萬就比較不會計較，當你有無限胸襟超越物質的眼界時，對有形的物質你就會不計較。

所以「人間太極」的提升是無形的精神面的提升，以每一個境界的「太極」為基準，逐次提升就會有無限的太極，也就是會有無限相對應的「無極」（超然的狀態），最後臻於宇宙無極，進入無形無質的無極境界。

所以靈以能量的形態存在，就是以「無形」的狀態存在，只是利用有形的身心肉體不斷的轉換，所以它是可以跨越時空的。

當你清楚靈的存在及運作狀態，如果沒有辦法在「精神」上提升，超越有形物質的識見與看法，要達到與靈相通是有困難的。

5－4無極道（二）自在單純的靈修

靈本無形，借相修真。

靈修應該是簡單自在再單純不過的修行法，因為靈本來就是無形無質，因為無形無質，所以自在，不會被形象或物體所拘限，就像空氣，它存在，無處不在，但看不到抓不住，能抓住的就是容器裏的部分，就像電能也是一樣，可以用電線或電瓶輸送儲存，但它就侷限在線路及電瓶中，只有脫離容器，才能自在存在於大自然中。實際上這些能量是無所不在的。

前幾天一位師兄來到道場聊天，提到目前常去走動的道場的一些做法，讓他開始質疑；當然會質疑一定有他的立場跟看法，立場是相對的，有產生歧異，所以質疑，但質疑並不代表神尊有事，而是人與人之間的認知；很多時候是因為主事者有狀況。其實一般道場宮廟，舉辦法會，點燈，祈福，超渡，寫文疏，誦經……。這是一般人普遍最能接受神尊降福的儀式，但這畢竟是人的做為，主事者當然希望信眾能參與，但當事人也要衡量自己的能力及狀況。

通常走宮廟道場的師兄姐，常常陷於這種兩難之中，又想參與又有經濟壓力，沒參與又怕與團體有疏離感，或是被團體排擠或冷落，所以越修壓力越大，其實這都已經背離修行的原意。不管哪個道門宗派，我想強調修行的目的，應該是離苦得樂，能上天堂（自在快樂沒有壓力的所在），但是往往被現實狀況所左右，所以應該回過頭來省視自己，不要被卡住了，一般常聽說會被無形眾生靈所卡，或是被活鬼纏身，但走道場宮廟常被「人」卡到，也就是被規矩，儀式活動，人為作法要求所卡住，連日常生活都受影響。

所以走靈修者，是跟神修，而不是跟人修，應該回歸到靈的原形，修是修自己，修一個自在，因為「靈」是一種能量體，本身是無形無質，是不受拘限的，但因為人拘執在「眼見為憑、耳聽為真」，所以以各種形式的法會儀式讓信眾有所依藉。

就像「靈」以「身」為依藉，用眼耳鼻舌身意去感受色身香味觸法各種感覺，「靈」以「心」為依藉，去體會七情六慾的感覺；都是一時「借體」「借相」，當身心滅失了，這些感覺就不復存在。

所以靈只是借相，借身心來真實感受這些慾望的運作，但是人常執著於這些「相」，執著於「相」就有苦樂，有掛礙；所以佛家常要弟子離「相」，離相則不為形體，不為心識所限，就能自在。

所以修行者應該借「相」修真，了解認識「相」的作用；「相」只是讓靈真實感受人世間身心的各種運作結果，體驗過了，儲存為經驗記憶，轉換為智慧：

喔！原來是這樣，我懂了。

當下回出現同樣狀態時，是能認知並放下的，認知這些實相要給你的作用和目的，你就能跳脫這些「實相」，認知這些實相就只是一段經驗，對你的影響會降到最低的。尤其是有關於人的七情六慾的應對，而對於行走宮廟道場的師兄姐，如能了解各種法會儀式或各種科儀運作，或是道場規矩的目的，去懂了瞭解了，會讓自己識見擴大，就比較能不受這種做法的影響，而會依自己實際狀況去應對，畢竟這些法會科儀只是一種禮敬的方式，越了解就會越自在。

而靈修就只會回到單純自在的修自己，只有自己好了，去影響周遭的人變好，只有自己自在了，才有辦法讓周遭的人也自在。

靈修就修一個自在，慢慢放下人為的思維想法，慢慢降低人為規矩對自己的束縛，讓自己越來越開闊，越來越接受，到最後所有事物就如陽光空氣水一樣，它就是自然存在，沒有接不接受的考量。就只是簡單自在的存在，因為「無極」是超出人所能窺測的能力的，只有去感受。所有實相示現的方式，都只是助你修行，都只是一時的工具，目的是要你會用，會超越，不是要你執著在這些實相。

5—5無極道（三）—靈修首要，重新認知「無」極的概念

—要化於「無形」，無邊無界無色無相。

一般人說「無極」「無極」，它的概念通常是把「無極」視為一個邊外的地域，就是所謂的「無極界」，可能有別於中天、太極，有別於佛教的欲界、

色界、無色界……，或是一般所謂在三十三天之上，是一個更高層次的修為能力的神尊的所在地域。

但是，既然是「界」或「天」，它就會有所謂的極盡之處，「極」是一個「端」或是一個「盡頭」「邊界」的意思，所以是「天」就會有「天外」「天外有天」的問題；是「界」就會有分界外或界內，但是既然是「無」極，就不會有邊界盡頭的問題，那無極界到底在哪裡？從哪裡開始算是無極？哪裡算中天？

所以要進入「靈修」，要重新認知「無極」的概念，「無極」應該正解是「無」極，既然是「無」，所以無內無外，無上無下，所在空間就是無極的空間，這是一個重疊的大小「集合」的概念，小學就已經教了，大集合涵蓋小集合，無極是一個超大的集合，中天或33天或三界都是在其中的一個中、小集合，只是「無極」這個大集合的一部分，因為是「無」，所以一般人很難理解，「無」並不是不存在，只是它的存在超乎人所認知的形質，就像一個人沒有結婚，好像必然它就是沒有婚姻關係這麼簡單，事實上他是處在一個「沒有婚姻」的狀態，這個狀態就是一個存在。以無的狀態存在，相對於有。就像一個人沒有養貓養狗，表面看上去是沒有，但事實上他是處在一個「沒有養寵物」的狀態，這個狀態是相對於「有」養寵物或「有」婚姻而存在。

所以在人的認知是處於一個太極（有極，有邊，有界）的現象，相對運作而成，而「無極」的存在則跳脫相對立場，它是把相對立場涵蓋在裡面。

因為「無」難以理解認知，所以化生一個有形質的物質世界，透過物質形體去體認去理解「無」的狀態，所以「無極」是對應於「太極」的認知而存在，「太極」是為了讓人易於認知，所化生的物質世界。所以「無極」就是一個超脫物質世界的境界，也就是「無極」就是一個「無形」，就是一個虛空，這個無形的無極界就是我們所在所處的地界，這個比喻：就像空氣，光電包圍我們一樣的感覺狀態，你沒辦法分空氣內，空氣外，它是整個涵蓋的，因為你就在這個空氣的集合內，雖然我們現在知道有大氣層，但無極的感受就像這種感覺，雖然你無法感受它的存在，但你就是在裡面。（大氣層相對有層內，層外是一種太極現象）

這種感受就是心經所說的「無」，無色身香味觸法，無智亦無得的狀態，就是自然的存在，是你擺脫不了的存在，這就是「無形」「無覺」，就是「無極」。無極就是一個「無形」，是你所存在的一個無法覺知的空間，無法覺知是因為超乎你所覺知的範圍，就像魚在水中，水在魚缸中，魚缸在客廳內，客廳在家裡面，家在草屯鎮，草屯鎮在南投，南投在台灣／在中華民國，中華民國在亞洲，亞洲在地球，地球在太陽系內，還有宇宙，還有虛空。魚就處在地球內，但他無法覺知地球是怎樣一個狀態一樣，這種現象就是要讓魚回歸河流，回歸湖泊，甚至變種成海魚，在大洋內迴游，或許稍能體會這種無極的感覺。

所以當你處於一個侷限的空間時，你的視野心量是受限的，但是卻是一個不自知的狀態，當你突破這個侷限時，你才能往上提升。

所以為什麼要「靈修」？

就是要突破小集合到大集合裡面，為什麼靈界或神尊可以在我們認知的世界中自由來去，因為這是在祂們的「無極」的集合範圍內阿，當然他們輕鬆自由來去。

所以要怎樣修「無極」？

一個部分是「捨」，捨是捨去「有形」物質的羈絆，這個羈絆不是要你把有形物質全部丟掉，而是一個心態，隨時可以捨去的心態；是「心」不留戀，隨時可以放。

另一個部份是「接受」，「接受」是開闊自己的思維心量，也是一種「允許」，人有各種思維想法，言行觀念，它為什麼會存在人的生活世界，是因為造物者，因為遊戲創造者「允許」，所以它存在於遊戲中，存在於人的世界。

那你不是要修嗎？不是要跟神尊學嗎？神尊允許有人做殺人放火的事，但神尊也允許人制定法律來制裁，神尊允許人發動世界大戰，神尊也允許人創立和平組織；這個是「涵蓋」，這個就是全盤運作。

所以怎樣修「無極」？

不是拿「無形」看不到的東西來呼嚨阿，無形是因為你看不到摸不著，超越認知範圍所以稱為無形，那是因為範圍廣闊，那這些認知都是來自於「人的心」的運作，要了解「心的運作」，然後去掉「心的運作」（不受心的影響），所以修是要修「心能捨」「心能接受」。

要捨的是自己的認知，要接受的是相對（反）於自己認知的概念，然後提升。所以要能先放下自己的立場，了解相對立場後，重新建立一個更高層次的立場。就像父母之於子女，就像國家法律之於個人，個人立場就像太極，是一個相對的運作，而無極則是跳脫立場，你每跳脫一次個人立場，全盤了解，你就提升一次；所以你去抱怨，去批判，去爭執；那何不回過來去理解，去同理，去融合。當你接受理解整個狀況後，自然能接受，而少了自己的脾氣，修也只是修心量一直放大一直放大，當大到旁人無法去度量你的範圍時，對這些人來說，你就是「無」極，當你大到像神尊一樣無所不包容時，自然成神。

5－6「靈」可不可以「蓋住」，要不要「蓋住」？

師姐提出來討論的：

師兄～請問：靈可以使用道法將其蓋住嗎？（朋友說跟老師去別的道場參訪時，道長說她的靈很漂亮，但因肉體尚未有體悟，怕她的靈被不懷好意的修行者迷惑了，所以詢問朋友願意先將靈隱蔽嗎？等朋友有所體悟時，再做打算！不懂之處，請師兄解惑？（朋友有詢問老師，老師說好，道長沒有收費，道長跟老師是熟識）。

莫林桑：分享一下概念：

「靈」可以使用道法將他蓋住嗎？

以前也聽過很多師兄姐提到，因為從小就可以聽到或看到或感應到無形界朋友的訊息，會覺得很困擾，所以請一些老師或高人把他封掉，其實會困擾是因為接觸了這些無形界朋友，但是不知道如何處理或覺得自己沒能力處理，因此害怕，不想接觸，其實這些能力，就好像學會騎腳踏車，學會開車一樣，即使你把腳踏車鎖住，把車鎖車庫，你只是沒有用車，只好走路，但不表示沒有車或不會開車，一段時間後，有機會有車了，你一樣駕馭自如，所以太早啟靈，就像12-3歲就會開車，但是不能上路，沒有施展空間或有違法違規及法律限制種種問題，但是技術就是技術。還有一個現象就是雖然會，但是太久沒用還是會生疏，只是生疏，不是不能或不會。

那靈到底能不能蓋住或是封閉，我們先了解一下靈的作用，我們人的運作，是身心靈為一個單位，靈的狀態有點像是物體的「能源」部分，就好像玩遙控汽車，有車體，有程式，有遙控器，但是他必須搭配電池或引擎油料，所以當靈離開身體，光有身心一樣會無法運作，或只有油料電池，但沒有遙控車／遙控器，那電池油料只是一個單純的「能量」存在，沒有任何效用的。所以「植物人」的狀態就是「靈」無法與肉體結合運作的狀態，「驅動程式」不見了，「能源」不見了，所以如果「說」是把靈「蓋住或封住」，那靈不能作用，或作用能力受侷限於狹小空間，相對的肉體身心的運作也會鈍化，反而更容易被迷惑或傷到自己，所以正確講應該是做「遮蔽或隱蔽」或「被屏障」，只是讓別人看不到或打不到，但是自己本身的運作還是自如的。

當然「道法」會有這種能力，但是這種人為的做法也是有時效性的，因為道法還是要將有形符籙幻化成無形，才有辦法運作，那這個幻化不是自然形成的，即使是自然也是有生有滅，就像電池或汽油箱有容量限制一樣，所以法力或法術也是有生有滅，使用者必須一段時間要去補充能量才有持續的效力。那好，以道長的法術法力能驅使的到底是什麼樣的能量，是神尊或是無形眾生（就是兵馬）或是魔界眾生，我想良善的道長或許用兵馬做為保護（警民連線或保全），符籙道術要驅使神尊的可能性微乎其微，（你不可能叫警察局長去給你站保全吧），不良善的道長就驅使魔界眾生做「圍事」，又如果道長有能力又可以做「封蓋」的保護動作，請問不懷好意的修行者或道長有沒有能力去「揭開封蓋」？也或許一段時間就自己「啟封」了。

所以去「蓋靈封眼」只是一時性閃避的措施，正確做法反而是「加強自我保護的能力」，或是說具備這能力（工具）了去學會如何使用這個能力（工具），才是真正對靈有益的。

那我們說「靈」是無形無質的，要怎樣封？

這樣說可能比較容易懂，我們說空氣的存在是無形無質的，要怎樣把空氣封閉，那就是要有一個容器，像氧氣筒，氮氣、氦氣筒，或是一個有瓶蓋的瓶子，這樣就可以把空氣隔絕封蓋住，所以道法的處理應該也是要形成一個無形的容器，那為什麼可以裝進一個容器內，因為「靈」是一種能量體，因為是「能」「量」，所以會有一個「量」的問題，比如說汽油桶有5L，10L，20L，油罐車有10公秉或幾公秉，電池有700MA／2000MA，或50安培或大電瓶，都有一個量。那你的靈的能量高低，就影響你是否容易被蓋住或封住，靈量越低越容易被封蓋住。

所以如果真的被蓋住，那破解被蓋住的方法是什麼？就是持續蓄積自己的能量，當你的能量壓力足夠強大到容器無法容納時，自然就破解了，你能量強大就足夠自己去掙脫了，人也是一個容器阿，所以為什麼會「自發性啟靈」，道理是一樣的。所以如何去蓄積自己能量？有形的錢財物質，自然界無形的氣都是能量的來源，所以努力工作勤打坐，你就會越來越強，不要光修行不工作，那你很快就凋零了。

那回過來說，到底是不是被封蓋住，我們行動電話有電波，有時候也會收不到訊號，光波打出去，有時候也會被阻擋，但是有些頻率如聲波，震動波，它卻可以穿越這些阻隔，靈的訊息傳遞，有如這些聲波，震動波，它傳遞是靠「頻率」，並不是有形物質，祂的穿透力很強，其實要蓋住封住是不容易的，所以有些師兄姐說去封眼，封靈，只是暫時的，一段時間以後還是會再回復，所以正確的做法是去引導學習，了解為什麼要賦予這些能力，如何使用才是正途。所以如果這些頻率這些波頻很強，自然就不容易被封蓋。

那真的被封蓋嗎？其實不是的，玩無線電的或地下電台的就知道，有一種現象叫做「被蓋台」，當同樣頻率，有一組波頻功率比較強勢的，功率低的就會被壓制蓋過去，「蓋台」喔，稱為「蓋」台，跟「蓋」靈的講法是一樣的，所以原來被蓋台的只要再加強功率再蓋過去或轉一個頻率，這種現象就會消失。所以「蓋靈」或「蓋台」，只是一種頻率干擾而已，避免自己的頻率被找到的同時也會影響自己頻率的發出，同樣會影響自己頻率的功能性，所以蓋靈也沒有那麼恐怖，恐怖的是幫你蓋靈的人如果心術不正，那就更麻煩，而不是收不收費的問題。

所以到底要不要蓋靈，如果靈很單純善良，因為害怕被欺負，就把靈躲在家裡不出門，那這個靈如何成長？漂亮就好嗎？不用長智慧嗎？

所以蓋靈是否真的需要？身心靈是要一起成長的，自己的心念很重要，肉體是執行心、靈的意念，經驗感知而已，沒有悟的問題，悟是心念與靈的工作，既然是要修行，就是要提升，要加強。怎樣提升，歷練吸收經驗長成智慧，都不歷練，那就不用修了。

轉貼：劉師姐留言補充：

靈不是蓋不是封，如果身弱靈強，就是痛苦了，被靈拖著跑，有人說亂靈，說靈要修人不修，就亂靈。那其實是靈強身弱造成的，一般宮廟不熟不正不要去了，去大的廟宇參拜打坐就好，讓靈靜下來，然後強化自身讓身心靈合一，靈不要給法師處理，很傷，以後修行要去修復，如果不想被不良修行者利用，可請神尊幫助用遮住的方式，就是不讓別人看到，不影響自身及靈的修行，能力夠了，靈就自動浮現出來了，這就要強調道場的重要性了，要找到對的正的道場宮廟，才有利修行。

所以宮廟道場不能亂跑，（玉玄宮）理念令我欣賞的地方，就是不要人為。強調靈修修行應該由神來教，而不是人教靈修行，人為來教是真的行不通的，強調要自在修行。

5-7人教靈與靈教人的差別

兼分享劉師姐說明的初步辨別方式

人教靈，很明顯是以「人」為中心，以人為上，那「教」這個動作，有「以上傳下」的性質，說文解字：上所施下所效也，所以有下效法上的意思，攴在說文的解釋是「小擊」，有輕敲警醒的味道，所以「教」字的造字義涵是「老部在上、子承在下、旁敲警醒」的意思。

所以人教靈，是要靈配合人的意思行為而動作，那會出現什麼狀況？就是人在主導，人主導靈是會配合的，若人心誠意正就沒有問題，若人心不正，靈配合久了就生病了，因為與靈意想違背，而人的意識又太重調整不過來，只好讓身心生病來讓人警醒，那一般或比較傳統的宮廟以原來的操作方式進入靈修，都是以人為主體，所以靈動稱為「訓體」或「馴體」，名為「訓體」，實質內涵則有要訓靈的意思。訓就有強迫的味道，有強迫靈來配合人的味道，在人為意識下來主導要靈動或天語，這是本末倒置的。那還有「訓乩」的概念，以訓練與靈配合乩童的概念來訓靈，出來的就比較會是「靈乩」，人若正心正念就好，在這種概念下，很容易就產生「人指導神」，「人超越神」的意識出來，就不是神在辦事了。

那靈教人的概念，則是以靈為中心，是靈教人，人配合靈來調整，或是靈教靈，神尊的靈來教，本靈來接收，因為以靈為主，所以有接靈就是有接靈，沒有就沒有，一切以自然感應為依歸，所以靈動就是靈動，不管是本靈要表達什麼，或是本靈與神尊靈接觸感受的動作，他就是靈動，人（體）是謙卑配合的，沒有訓的味道，是接收調整到與神尊的靈是同一個頻率，打坐跟靈動的概念就是在施工在調頻，把人的言行／意識／感受調整到能與神或靈配合的地步，所以調整出來的就是一個能與神與靈頻率相通的一個媒介，稱為靈媒或是通靈人。

就像另一個「師姐」在上一篇貼文裡回覆的：

「靈修本來就是讓正神帶領，指導者只是一個助緣，緣到，靈就開始學習，讓肉體自覺而配合。」

所以「明師」只是一個助緣，能遇上當然最好，但基本認知上還是「以神為師」，只有靜下來，坐下來與自己的靈好好相遇，而不是一直想靈動講天語，你整天想要聒聒噪噪，動來動去的，人家（神尊）要跟你講什麼，你聽的清楚聽的明白嗎？

以下分享劉師姐留言「人教靈與靈教人」的辨別：

劉師姐：靈有兩種

一種是普通的靈，只是支撐我們身體的身老病死；一種是有修行的慧根的靈，擁有這種靈的人，會有異於普通人的感覺，如碰到廟宇神佛會打嗝、頭暈等等，很多不同的現象，這要因人而異了，這類人通常會有常人不一樣的際遇：

如—準確的第六感。

或者—夢見的事情很快發生等等。

靈，每個人都有，萬物皆有靈性啊，不需要人為的學習，只是在於修行時，醒靈、覺靈時間長短問題，有的一個月，有的半年，有的甚至更長時間。

人教靈—就是人為的叫你去寫靈文，人為的叫你說靈語，而不是自己自然而然的開口道來或者提筆寫來，靈教人就是你會自然會想去某個廟宇參拜，自然的想去某個地方靜坐一下，自然的會感覺為什麼這個地方我很舒服呢？遇到一些事情的時候，你會自然而然的知道怎樣去處理是最好的方式。

這些看似簡單，其實是需要時間的，我講的也只是最簡單的入門了，打坐是為了讓你心靜下來，只有心靜下來了，才能去挖掘內心深處靈魂的所在，靜靜的去聽自己內心的聲音了，或許我這樣子講不夠全面，但是，我能夠表達的，就只有這樣了，參考參考就好。

105/05/07PM4:40補註

註1：有師姐提出指正，說明「訓體」的正確意思應該是「靈訓體」，如

果是靈訓體那倒是非常適當的，這裡提出來的是在以人教靈的意識下，恐怕將「靈訓體」操作成「體來要求靈」或是求「混體」，在人為意識下要求訓練靈與乩童的配合，那就本末倒置了。

註2：有關「靈乩」的定義，莫衷一是，師姐認為是靈乩可附體也可不必，附體就可辦事，而通靈人通常指直接可與其他靈或神尊靈溝通、辦事，其差別應該是在訓練過程不同所致，通常先天通靈人修行或時間到來可直接開啟通靈機制然後熟悉與神尊接觸及辦事，而靈乩則是後天訓練介於乩童與通靈者之間的，只可通某些固定神尊有點乩童的性質，不如通靈人或靈媒來的直接與各神尊或其他靈溝通。

註3：有關靈的種類的說法及定義更是莫衷一是，這邊劉師姐只籠統定義成普通靈跟修行靈，主要是針對有修行的靈對靈修的反應概況，應該是可以接受的。

註4：這邊人教靈、靈教人的說明，主要是強調要去掉「人為意識」操作的修行狀況，回歸到「自然感應接收」，也就是靈帶人或靈帶靈的

方式。

註5：若以人帶靈的說法比人教靈來的更貼近實際現象，在修行過程中，人是一種助緣，也要看這助緣的修行內涵，人有辦法助靈的情況表面上是人在助，實際上是此人的靈在助，也就是靈助靈修的情形，那這個助緣需是人放空的，那通靈人的協助就是最明顯的例子，或修行有一定程度沒有私心，有領旨的或用言語文字或靈語協助都是，特別跟師兄姐再說明一下。

第陸章：打落凡塵非是神，修行在人間

人不是神，
將心念想法回歸到人的狀態，
在人間修行，先做好人間事，修好心性

6－1人間修行（一）—修行是為了沒有事？還是為了會處理事？

一般人總把修行看得很沉重，其實「修行」只是一個名詞，用在佛教，就是讀經研經，降伏自心；用在儒教，就是四書五經，倫理道德；用在基督教，就是研讀聖經，快樂做禮拜；用在道教，就是研修法術丹道；用在無宗教信仰的人，就是與人和善。

其實修行並不一定要跟宗教畫上等號。日常生活中你的工作，你的親朋好友，遇到的人事，處理不好或相處不好時，能否去找到適合解決事情的方法，事情都是一步一步去做出來的，每一步都是在修行的軌跡，「修行」只有在你的實踐中才成為「動詞」，你讀佛經了解經義中的意義，然後去做到；了解仁義道德的精神，然後去做到，只有去做了，講修行才有意義，而不是讀一讀，念一念，懂意思了，可以傳經說法了，但是卻做不到經義要給我們的內涵，那只是在學，只是在讀，只是在修，沒有讓自己去做到，那就沒有行；沒有行，談學談修是沒有意義的。日常生活就是在修行了，不必要到深山林內，不一定要有青燈古佛才叫修行。

所以，修行的目的是什麼？當然阿，修行的目的當然是為了沒有事，古詩有言：若無閒事掛心頭，便是人間好時節。沒有事才能閒適自在，但是修行真的是為了沒有事嗎？不是的，沒有事的前提是要會處理事：修行是為了學會處理事。

只有學會處理事，才能真正沒有事，你只要仔細看你公司的「老師父」「老業務」就知道，他們操作的機器難道不會壞嗎？他們的客戶難道都沒有反對意見嗎？不是的，而是他們深切了解機器會出什麼狀況，他們也知道這些狀況該怎麼處理，他們知道客戶的反對意見在哪裡？怎麼應對，所以所有的問題在他們眼裡是沒有事的，並不是機器不會壞，客人不會生氣，重點是他們會處理，會處理就沒有事。

一般人為求沒有事，通常的做法是拒絕接觸，就是把事情排除在生活之外（尤其是感情的事，怕受傷就拒絕接受），就像工作，有的人都不做事，然後大言不慚說他都不會做錯事，沒事做，不做事，並不表示沒有事，就像很多朋友，結婚後離婚了，談戀愛又被騙，或是經歷感情的生離死別，然後他說他看清了人生，看破了感情，從此拒絕碰觸感情，屏除了感情的干擾，這樣他就認為感情困擾不了他了？

事實上真的是這樣嗎？當別人要追求，你要去拒絕，會不會困擾？那你真的會處理感情嗎？適當的時機接受，適當的時機結束，輕鬆愉快的處理要與不要，這才是會處理。都沒有接觸、不敢接觸，不叫做會處理。

就像數學題，一次考試不會，二次考試還有問題，然後拒絕接觸數學，反正考零分就考零分，抱著接受考零分的心態，然後說數學不是問題，其實那才是大問題。當然你的人生是不一定會用到高深的數學，但你的人生一定會有七情六慾的感情問題。

所以要學會用愉快的心態，有效的方式處理，剛剛提到「老師父」「老業務」會處理他的問題，那什麼叫「老」，稱「老」並不是年紀老，而是經驗老，所以老手老手是經驗老到，因為他經常在處理，所以經驗豐富，純熟老到。這就像很多人在修行的經驗中，常常會有這種現象，就是當自己把自己傷痛的經驗處理好了以後，常常周遭就會有同樣狀況的事情讓自己遇到，讓自己再熟悉一次處理這類狀況的方式，那通常學到的是一種「心法」，而不是方法，這個心法可以觸類旁通，產生因人而異的處理方式。所以會給他「一而再」的練習，所以人不要怕去歷練，而是要多多歷練，感情一次處理不好，要修正自己，再一次處理不好，再一次修正，而不是一定「下一個會更好」，人有「習氣」，臭味會相投，如果你沒把自己變香，下一個還是蟑螂老鼠蒼蠅，不然你永遠只能給人當肥料（糞便的作用就是當肥料），別人會從你這裡得到教訓而成長（你是別人成長的肥料）。

所以修行是要學會，學會處理事情，處理感情，學會了，是老手了，你就會成為「老師」，常常遇到修行的朋友說：好像人生經歷都很曲折也有點悲。其實這些都只是要訓練你成為老師的必然過程，你有沒有準備好成為老師的心態，你有沒有從這些事中記取經驗，養成智慧，還是只是一直在抱怨，一直怨天尤人。數學考不過，你是找人請教學習，還是抱怨試題太難。

人生是一本書，這本書是要你看懂學會，而不是要考倒你。能夠辦事的師兄姐真的是一大福分，因為很多事情不必親身經歷就能累積智慧，辦事除了幫人也是在幫自己跟自己的靈，在辦事的過程，除了自己的功果業績之外，也是讓靈快速累積人世的七情六慾的各種經驗，而能夠有足夠的智慧，有能力來助人，這就是成神的基本條件。也是一般人拜拜求神的根本目的，所以修行的目的是什麼？就是學會處理事而達到沒有事的境地，不是要求沒有事情發生或拒絕事情到來，這就是兵法上所說「無恃敵之不來，恃吾有以待之」的道理。

6－2人間修行（二）—修是要修「放心」

修是要修放心，然後優雅愉悅自在的生活

靈修的主要精神在修自己的靈，修靈要從修心入手。要讓靈自在、心自在，只有放下追求跟害怕的感覺，追求跟擔心害怕是過與不及的現象，要放下的是追求神通的心念，不是一定要講靈語或靈動寫天文或接收法寶才叫在修，修行的目的不是修神通，也不是修要辦事。不是每個修的靈都需要辦事的，所以也要放下害怕辦事的心念，或是害怕接收訊息不正確的想法，其時修只是要求「放心」，讓心自然自在，因為靈是透過身心去感受人世間的各種七情六慾的運作跟儲存運作處理的結果，身心的品質越高，靈的品質也會更提升，所以自然的感知才能傳達給靈最適切的訊息。所以靈修首重在「清修」，清修就是要修自己，修自然，修自在；心無罣礙，心清淨了，靈自然清明，接收跟傳達就會迅速而確實，所以不要害怕所接收的訊息對不對，也不要擔心辦不辦事，或辦事了會不會耽誤信眾，操作了以後自然知道適不適當，再做修正就好。

事情不是一步到達成功的，不要想一次到位，而是一步一步踏實去做，圓滿是一次又一次修正得來的結果，靈修也不是要展現神力。自己的心，自己的事都沒有處理的能力，哪來的神力或能力幫信眾處理事情，所以當你越想要越追求的時候，心的作用就無法靜止。那更無法接收神明的訊息了，所以不要急於助人，不要急於幫人加持或辦事，先把自己修好，該辦事的時候自然能懂靈語或能白話傳達，那是無法求的，無法求是因為求的心的作用會阻礙了靈的作用，更難達到目的，而害怕的心的作用一樣是阻礙，所以要讓心自在靈自在，自然接觸就好。

該接旨時就接旨，該領令時就領令，領了接了是肯定你的修行，不是一定要你辦事了，就像你學了保姆或老人照護，通過考試就給你證照，通過了記帳士或會計師考試就給你會計證照，但你有了證照，你不一定當保姆或開業執業阿，一般師兄姐的概念，總以為領令接旨了就一定要開宮要辦事，一定要守著宮替神明辦事；不是的，自在修，隨緣度化是新的模式，生活跟修行跟辦事是一體的，是自在的。

一般宮廟常見的就是追求靈動跟講靈語，或是拿香加持，要展現人擁有的神力，要幫人啟靈，這是很唐突的，其實自主啟靈才是最恰當的時機，宮內神尊隨時在，神力哪裡在人？神力也不在靈動靈語畫符寫天文上，如果無法修心靜心，把自己安頓妥當，人展現的神力也只是虛表，自己都安頓不了了，怎麼去安頓無形眾生，靜心修持。神尊來借體辦事，神還是神，你還是你，你的心性修持有達到神性的品質嗎？

那為什麼沒辦法翻譯靈語？為什麼沒辦法接收神尊訊息？

一個是時機未到，尚未要你辦事。

一個是你自己的修行品質未達到神尊要的程度。

一個是你靜不下心，接收不到。

就像你在跟人聊天，當別人要告訴你一些訊息時，你自己卻聒聒呱一直講話，請問別人在講什麼你聽得到嗎？

所以不用求也不用急，你修的程度夠了，打坐的點數累積到了，時機成熟了，你要不通不辨事也難了。

所以打坐靈修分「動」「靜」階段，越後階段越修靜功，主要在修接收訊息的能力，如果你因為心的作用一直講靈語，神尊的訊息你怎麼接收？

所以靈語、靈動是在修的過程中自然感應到而去作，不是一直靈動講天語，或是畫符寫天文你就可以通了，如果淪於在表演，或是在展現，如果沒有「靜」功去消化內化，那也枉然。所以一切依自然而為。

不要去綁架神明也不要去綁架自己的靈。排斥靈動或拒絕天語也是一種綁架，何不依自然而為。

6－3人間修行（三）—進宮廟道場是修自己教自己

進門先低頭，虛心接受神尊的校頻，修是要修能夠把本位去掉，要讓生活越來越輕鬆，那會越修越困頓的原因出在那？

有的人修行，好像一直接到神尊的指示，要去哪辦什麼事？要去哪助人？

會什麼神尊？結果台灣南北到處跑，整天與無形眾生在周旋，也不問到底他人需不需要你助，除了耗費心神，也虛耗了自己的經濟，自己也成了需要被救助的對象，為什麼會這樣？使命感太重？行道助人的意念太強？那到底是行道助人？還是自私的想累積自己功果（功德）？那到底是誰給的使命？還是哪些人或哪些無形眾生的求助？

有時後會想不透有哪一尊神尊會下這樣的指令給靈子（有稱靈兒的），神是有智慧的，會讓自己的代言人或是靈子搞到生活不下去？那他要怎樣持續行道助人？怎樣使人信服？所以不會有這樣的「憨神」的，神尊也不是吸血鬼，把你吸乾喝盡再去找其他人，只有被自己意念控制的「憨人」，搞不懂神意卻自命在行使神意，這是簡單的智慧判斷而已，真的代言人，會清楚接收神意而傳達，也會有智慧判斷，有智慧生活，開宮設道場就是要提供修行者有自修並與神尊接觸的場地，讓修行者可以找到自己行道的路，知道自己的職使，早日完成自己的使命，除非你真的帶天命，神佛直接示現直降，否則都必須一步一腳印，慢慢累積才會知道。

所以會告知修行者該靜下來的時候要靜下來，至於修行靜坐時接收的是靈動是天語，應該是感應該做的時候做，靈修過程是動功靜功是交替的，一段時間很自然交替，也不會是只靜坐，重點是你是否足夠動靜自然，至於行道助人是日常生活中做，不是到廟裡或宮裡才做，神尊能給的是讓人找回對神尊的信心，靈修的目的當然希望有一天能夠接收靈或神尊的訊息，但是最基本的卻是先自修自助，因為即使你能接收50%的訊息，你仍有50%的錯誤機會，影響的卻是信眾100%的信任。所以要先從自助自修中去修正，不是有感應了就是要你行道助人，行道助人也是以人為出發點，無形眾生則是緣分。

你有想過「通」了你要做什麼嗎？你能做什麼嗎？其實都不是你能的問題，是神尊要你做什麼你能做到嗎？還是依你自己的意思利用神力去做！

行道助人是先從做人開始，所以更要謹慎，會提醒修行者不必急於要求神力，靈是很自修的，對於干擾也很敏感，靈動、靈語、寫天文都是修的過程要做的功課，都是自然呈現，都是神尊或靈在教，所以有時外面干擾會影響修行者的接收，應該是盡量避免去干擾正在靈動或轉靈者，除非神尊指示或修行者求助，打坐的時候自有神尊在教，神尊教的除了靈動靈語天文，最重要的還有「思維」的轉換，思維的轉換就是心性的調整，做人沒做好，擁有神力也只會成為禍害。

所以靈修時神尊不是只有教靜坐而已，各人的天命職使神尊會告知，重要的是學會「通道」「通理」，教會做人做事的智慧，這是透過深的層靈的學習來轉換習性，這不是人在教，人沒辦法教靈，代言者頂多也只是傳達而已，代言者只是做自己該做的事，不會去想什麼功果問題，修行在各人，而行道在日常生活中，進宮廟道場是修自己教自己，不是教別人，到神尊面前是要接受神尊的校頻。

接受校頻的概念很重要，是帶著空瓶子來裝水的概念，不是來跟神尊展示你有多少水，所以進宮廟道場要先學會向神尊低頭（謙卑的心），這樣就不會產生「人比神大」的謬思。

6－4人間修行（四）——修行是開始對自己負責任

凡事要敢往內檢討自己，凡事怪自己才能成長靈修的真義是要修自己，自己的身心，自己的靈，透過身心的領受，讓靈的儲藏庫更豐盛，靈累世修行，記憶身心歷練的各種身痛、心痛，各種身舒暢、心愉悅的感覺，也記錄著各種讓身痛心痛身暢心悅的經過及處理方式，也是在累積幫人解決問題的智慧與能力，自身經歷是比較深切的刻痕，若對於他人的感受則是比較會是膚淺的認識，就像以前CD時代在複製CD，自己的事好像速度是4倍速，刻度深切而耗時，感覺歷久不退。他人的事就好像48/52倍速在複製，刻痕淺但快速完成，所以他的感受很快了解也不耐久聽重覆，除非有交集有接觸，了解及感受比較深刻些，但都是儲存做為經驗，做為處理事情的參考值。

通靈人辦事就是在累積處理事情的智慧與經驗，但實際運用還是要透過理解內化才能得心應手，所以靈是一個很大的資料庫，一直累積各種事物經驗，沒有所謂的好壞善惡，但是祂有一個內建程式，這個程式在做分類整理及內化的工作，然後提供給身心做為參考，而身心則把執行後的感受回饋給自己的靈。所以祂接收了人世間各種發生的事件，然後分類出對解決問題是「有益的」「可用的」「適當的」的模式給人參考執行，這個模式是超越人的善惡道德的思考範疇，是提升在人的善惡之外合於天地真理的思考模式。

所以我們可以把靈的思維視為是提升（正向）的模式，而相對外來的魔，我們把它歸為沉淪（負向）的模式，修行是要讓自己的靈提升，而不是受外來的魔控制，當把靈提升至與自然規律宇宙原理相合，而後契合於天地之道時就能超越輪迴，所以修行是對自己負責任的開始，是累積自己處理解決問題的智慧與能力的開始，這個責任不是神明的問題，不是祖先的問題，也不是地理風水的問題，更不是別人的問題，而是自己要把自己提升到什麼程度的問題。

修行是透過不斷的修正執行自己的言行思維後，把自己「超越完美」的過程，為什麼是超越完美？因為完美的只是人的標準，而神佛都已經超越人了，所以佛的深切解釋是「弗人」，也就是超越人。所以你修行是用什麼做標準？其實修行就像我們爬樓梯，每上一階，那一階就是我們往上更進一步的基礎，你有去經歷有去吸收內化，那一步就是踏實的，也是累世修行的基石，所以不用求快，要求實。

那在修行的過程中，很多人抱怨修行人沒進入修行，好像神明會給自己很坎坷的感情婚姻！很多人抱怨好像沒幫神明做事會被神明掏空錢財？很多人抱怨好像沒修就身體變差出現各種毛病？

是這樣嗎？很多人感情婚姻不順了，事業不順了，才開始求神拜佛，但是當還沒感受到問題存在時，有去真正思考感情該怎麼走，事業該怎麼經營嗎？通常都是自己最大，言行思維走樣了而不自知，聽不了勸，其實當出現問題了，就是神佛提醒你該修正了。

是「你」，你該修正了，是神佛提醒你修正的契機，你不修正，出了大問題了，然後說神佛處罰你，真得是讓人頭暈。難道你感情事業出問題之前都沒有徵兆嗎？你身體健康出問題都沒跡象可循嗎？

為什麼說修行是對自己負責任的開始？很多人出問題了，

第一個先問神佛問題出在哪？為什麼不幫他？

第二個先問看看是不是祖先有什麼要求？

第三個再問看看是不是有無形的干擾？（冤親債主）

第四個再看看地理風水是不是有問題？

第五個問問看是不是有小人在中傷破壞？

第六個……

無數的理由，都是先檢討外界的因素，唯獨不會檢討自己的作為。

所以修行的真正的意義是：檢討自己，修自己。

為什麼該做的不做，要逃避責任；為什麼平常大魚大肉，喝酒熬夜；為什麼沒去善待員工，檢討製程；為什麼對妻女總是那麼嚴格，那麼無理；千萬個為什麼？就是為什麼不檢討自己，修正自己。承認自己的問題沒那麼沒面子啦，修正自己不會那麼困難啦，不需要那麼大勇氣啦；不需要怪祖先，不需要怪神怪鬼，祖先一定希望你好，一定會幫你，因為你好了，祂們才會有豐盛的祭祀，香火才會延續；神尊也是希望你好，所以給你提示警醒，因為這樣你才會顯揚祂，香火才會旺盛，所以神尊不會讓你事業不順，婚姻不順，身體不好。而是你的作為，你的言行，你的作息出問題；神尊提醒你，但是你卻置之不理，我行我素，沒有修正，更甭說執行，當然要出問題。

所以要知道最厲害的小人是自己，卡最大的陰也是自己，要檢討修正的只有自己，靈修只是往內檢討修正自己而已，只有自己能對自己負責，別人不會替你負責，你也沒辦法幫人負責什麼，你沒辦法替別人修，或給別人功果，別人也沒能給你什麼功德，要給你功德也要你願意，你有能力接收嗎？

所以還是得修自己，即使是夫妻也是同修，有人說：我是來助她（他）修的，他修的好就好，我沒關係，事實上呢？不過是自己偷懶的藉口，即使是夫妻也是各自成長，「幫」是要互相成就的，一方不成長，如何去幫另一方成長？反倒成為是互相之間的累贅，所以夫妻為什麼要叫做「同修」，而不叫「助修」，所以一方自己不修說是要助對方修，這是很大的矛盾。你怎麼助，拿什麼助？助人是要有能力的，不修就說不修，沒能力助承認不能助就好，真誠面對自己。

所以，修行只是回過頭來看自己，而不是一直看著外界環境對自己的影響，被拖著走。修自己的人，外界各種現象好壞、善惡都是自己修行的助力，唯有正向思維接受各種事件的發生，學會對待，學會看待，把自己的心量世界一直接受一直擴大，超越一般人的視野，超越一般人的責任認知，開始對自己負責任，沒看過哪尊神尊是心量狹窄記仇記恨的？沒看過哪尊神尊是要靈兒信眾窮途潦倒的？也沒看過哪尊神尊會威脅靈兒信眾貢獻的？所以當自己感情不順，事業不順，身體欠安時，千萬不要怪神尊，因為神尊已經很好意在提醒你，凡事要敢往內怪自己。

記得，修行只是開始為自己負責任，不是要神力，不是要功果，不是要法器法寶，更不是接旨接令，而是自然做自然受，當你連為自己負責任都沒辦法，當你連處理自己都沒辦法，請問你如何助人？更別說要成仙成神了。

6－5人間修行（五）是人還是神？是神還是鬼？——打破人是神是佛的迷思

到底要發什麼神「經」捏？師姐來問到，宮廟住持把自己當神，但是神尊降駕時有神道，神尊退駕後的言行卻令人不敢恭維，但是又借「人神合一」的言論，要求弟子信眾平常有要把他當神看待？

遇到這種人就很傷「神」經，不是傷腦筋，這跟之前有師姐問到，宮廟辦法會、超渡、進香造成壓力，到底要不要繼續待在哪邊？成為困擾。

以上這些都是目前宮廟中普遍會遇到的狀況，對於自稱是神，自稱是佛的現象，要如何認知？如何看待？如何對待？

有很多宮廟主持，或是乩身，或神尊代言人，在辦事歲月累積下無法自持，因為在接受信眾仰賴，尊崇及恭維中漸漸迷失為神尊代言的初衷及為信眾開迷解惑的目的，這是人心的質變，心迷惘了。所以直接提升自己取代神的地位？

不管是「越俎代庖」也好，還是「妄自尊大」也好，要信眾將自己當神看待，以神自居，這真的是令人「神」經大條。基本上，成神的都已經坐在神桌上不開口了，吃的是香蠋，收的是金紙香火，接受膜拜；但是如果你吃的還是五穀雜糧，用的是新台幣或日幣美鈔，千萬不要說你是神，不要把自己迷失了，神尊來降駕，你只是被借體代言，神尊退駕了，你仍只是一副肉體，你做的說的是不是能與神說的做的相符？神明會被尊崇不是沒有道理的，要當神，你的精神是不是足夠被人景仰，你的言行舉止是否經得起神尊的考驗，人之所以會把神當神，並不是因為他叫做神，而是祂的精神品格，祂的能力，祂的願心是超越人的，能助人的，能照顧人的，能為人釋疑解惑，並受人肯定尊崇的，當你沒有神駕上身時，你有這個能耐嗎？

所以關聖帝君忠義護主，死後受人膜拜；媽祖為鄉里除魔除妖，救難於海上，為人所稱頌愛戴受人感念，死後受人膜拜，所以要成神，先決條件要去人身，也就是要升天，沒升天，吃的是五穀雜糧，言行又粗俗不堪的話，把自己當神，也只能做的是「造神運動」，要求信眾，要求弟子以神的等級對待服伺，也要自己有福消受，有「德」配位，不然也會變成鬼話連篇，人見人愁。

所以「德」要配位很重要，很多佛教的高僧著重的是自己的修為，很多老和尚都已經出神入化了，但是就是虛懷若谷，從不見這些老和尚自稱是菩薩，是佛的，只有別人稱頌他，讚他是「活菩薩」。所以「德位」是來自他人的肯定，不是自己要來的。只有少數道教宮廟住持，神尊代言人，會渾然忘我，忘了我是人？自認為神，自稱為神。

其實，每尊神都有自己的神「經」，我們稱他為「神格」或「神性品質」，「經」就是經典，就是道理，就是祂被尊為神的原因。

很多人拜拜修行，就只是為了得到神的幫助，或是希望修到擁有神的能力，都忘了祂之所以被稱為神的根本原理，也就是祂被人所稱頌愛戴的道理，你要成為神，是不是要先學習祂的精神，去學習祂的言行舉止，然後一步一步去做。去學習，去做，才是在修行，以「神性品質」為目標，努力去做到。在儒家就是希聖希賢，以聖賢的修為為目標，在佛家就是以佛菩薩為目標，但不是一蹴可幾，是要累世修行，所以靈要轉世再轉世，就是要來歷練，要來學會處理方式，要來累積智慧。

只有這樣，才能修練具備度化及濟世的能力，持續的修行才能成佛成神，而不是幫神尊代言個幾年幾十年就自己以為是神了，當你的做為你的言行舉止造成人的困擾時，基本上與神的道理已經背道而馳，離神的境界只有越來越遠。

所以要如何對待跟看待這樣的狀況，我們說「神」是開闊接受的，自由度很高的，所以祂允許這些住持這些代言人言行脫序，但是他同時也允許「眾叛親離」這件事，因為只有眾叛親離，信眾弟子都離開了，這些住持，這些代言人才有重新認知學習的機會，而當信眾弟子的，也是要以此為教材，警醒自己的修持做為。如果我們修行是要修一個自在，那不管離去或留在原宮廟都能歡喜自在修自己、做自己的功課，這何嘗不是神尊給的功課、考試。

修自在！知道住持或代言人的狀況，去接受這個狀況的存在不批判而又能不受這個狀況的影響，這才是給你的功課。就像之前提到宮廟法會超渡進香等等活動，衡酌自己能力狀況擇樣參加，而不怕受團體排擠或異樣眼光，而能自在繼續在那邊待下去不受影響，這才是真正的自在，才是真正要修的功課。當清楚自己該做什麼去做什麼，而不是因為只是「拿香跟拜」待在那裏，就能漸漸擺脫「人」對你的影響了。

那如何能夠修到那樣自在？最基本的認知，就是「跟神修而不是跟人修」，你去想想我們「跟修的神」的精神在哪裡？當你徬徨不知如何處理時，想想如果是神祂會怎麼做？如果是觀音祂會怎麼做怎麼處理，如果是母娘祂會怎麼做怎麼處理，如果是玄天，如果是帝君，如果是濟公，祂們又會怎麼做怎麼處理？自己先想過了，難抉擇時再請教神尊確認，漸漸的就會向「神性」慢慢靠攏。

那對於「人神合一」的狀況，一個是靈的狀態達到與神的狀態同位階，在同一個高度平台上才有辦法契合，一個是辦事時人的思維降低，讓靈覺暫時被神提升然後與神相通，那也只有辦事時是人神合一，所以「修行」是基本要件。要成神，只有修到「靈性」與「神性」同階，還一個就是身心靈合一，一起提升，所以要羽化，要升天。

有肉身就有努力的空間。

後記：觀念溝通

什麼叫做「正確」——為什麼要過關

霍元甲跟日本武士喝茶，日本武士以茶道細說茶的等級，帶到武術高低之分，霍元甲告訴他：世間萬物沒有高低品等，有的話是人去畫分，有的話是人習武的精通程度有別，話是沒錯，事情的熟練度依人投入的程度會有不同，所以同一份投資，有人做會賺錢，有人卻賠錢，事情本身是沒有高低品級的，但出現的結果就有差別。

同樣的，以不同的角度，不同的眼光看事物，會有不同的結果。同樣生存在地球，為什麼會有植物，礦物，動物，同樣是人，為什麼會有窮人，富人，為什麼有人只讀小學，有人讀碩士、博士。基本上，神創造世界，他也希望給每一個生命同等的機會，（所以他說我們都是上帝的子民，所以他說，眾生皆有佛性），那是站在同種類的角度上看，但人跟獅子的機會均等嗎？螞蟻跟大象機會均等嗎？因為在不同的立足點，很難去講平等，哪你會選擇成為螞蟻，獅子，或人？

那什麼是神？為什麼稱為神？祂是以什麼狀態存在？（有人信有人不信，這裡不深入探討），為什麼拜拜或祈禱都會求神，求神賜一個平安喜樂，求神幫忙度過難關。基本考量，你會求一個能力比你差，經濟狀況比你不好的人幫你忙嗎？如此看來，還是會有一個品類的高低差別的。

以登山來講，不同的高度會有不同的視野，但也會有一定的難度，每個高度，每個角度看事物的方式會有不同，所以你說什麼是「正確」，每個都正確阿，只是你沒看到他們看到的面而已，那是不是每個看到的面都是完整的，都是美的，有的人一直停在山陰，他看到的都是缺乏陽光的一面，你能說他看錯了嗎？還是他的世界錯了？我想他不會有這種感覺，哪你要不要往上爬，我想答案是肯定要的，但別人不想往上爬，他覺得這就是他所要的，你能說他不對嗎？他自己覺得很好阿。你只能引導他，還有更上一層的景，還有更陽光的一面，除非他自己想動，否則你是無法牽動他的，等他自己心裡有感觸了，你想叫他不動都難了。

那為什麼麼要過關？

你進入一家公司，或許你原本沒有想，等你工作能力充足了，忽然看到上面有位置可以再上去，你可以很適任，你就會想升上去，這是當你知道還有你更想要的境界時，你就會想過關了，平常的工作投入只是在培養你的能力跟識見而已，或許不是你最想停留的根本所在，要等你體認到了或是你原先就知道只是一直在等機會，但你平常的表現可能有主管在觀察評分，而你沒有感覺，你要平常的關卡都有過了，這時你才有升遷機會。其實，我們是每天都在過關的，只是你沒察覺而已，老闆怎樣看你的工作表現，主管怎樣要求你，學校的考試，社會的考試，人跟人的交往，無一不是在過關，你的男（女）朋友沒有在評估妳嗎？不然他為什麼要選擇你，你沒有評估你的男（女）朋友嗎？難道你都沒有設定條件，連起碼的要看的順眼都沒有嗎？

因為他（你）所想要的條件，你（他）都過關了，因為平常表現都過關了，所以升你當組長，當經理，因為平常考試都過關了，所以升級了，畢業了。

那人呢？要升到哪裡去，成仙當神嗎？

你所遇到的人事物都可能是你考驗的關卡，那把關的又是什麼，我想一定是比人還要高層次的境界或智慧生命體吧；所以還是要先把人當好，當人都沒有過關，要怎樣升格為神？

我們假設神是造物者，（因為不想為有神無神做無謂的爭辯，所以用假設，也可以假設你是老闆，制定各種公司規章，所以你可以接受你定的各種規定，但員工可能會有抱怨的），他創造了各種狀況，因為這都是祂容許的，所以這些事情會發生，所以在祂的角度，所有的事物都是正確的；那因為我們是人，接受度與容許度沒有神那麼強，所以制定了道德規範，甚至制定了法律規範，因為人有難以接受及不容許的狀況，因此在人的觀點就有了正確跟不正確。我們一直想引導的，只是人世間的正確觀念或大部份人可以接受的正確而已，而這個正確，換了時空，就不一定是100%正確了。當你想要過關成為「神」時，就應該培養「神」的思維模式，或許就該放下「人」的思維模式，但談何容易，如果你能接受什麼狀況都是正確時，你要如何看待這些物事，你要有多大的包容心與接受度。

就如登山，你要爬到什麼高度，由你自己決定，你不想要的，沒人能勉強，要不要過關，是看你想不想，覺得需不需要，沒人能說你不對，因為那是他們的角度看法。而你才是真正自己的主宰。

心靈勵志系列 42

人間修行2 **神仙指路**—簡單自在勘破靈修的迷障

作　　者：莫林桑
美　　編：林育雯
封面設計：林育雯
執行編輯：高雅婷
出 版 者：博客思出版事業網
發　　行：博客思出版事業網
地　　址：臺北市中正區重慶南路1段121號8樓14
電　　話：(02)2331-1675或(02)2331-1691
傳　　真：(02)2382-6225
E—MAIL：books5w@gmail.com、books5w@yahoo.com.tw
網路書店：http://bookstv.com.tw/
http://store.pchome.com.tw/yesbooks/
博客來網路書店、博客思網路書店、
華文網路書店、三民書局
總 經 銷：成信文化事業股份有限公司
電　　話：(02)2219-2080　傳真：(02)2219-2180
劃撥戶名：蘭臺出版社　帳號：18995335
香港代理：香港聯合零售有限公司
地　　址：香港新界大蒲汀麗路36號中華商務印刷大樓
C&C Building, #36, Ting Lai Road, Tai Po, New Territories, HK
電　　話：(852)2150-2100　傳真：(852)2356-0735
總 經 銷：廈門外圖集團有限公司
地　　址：廈門市湖裡區悅華路8號4樓
電　　話：86-592-2230177
傳　　真：86-592-5365089
出版日期：2017年3月 初版
定　　價：新臺幣280元整（平裝）
ISBN：978-986-93783-4-5

國家圖書館出版品預行編目資料

人間修行2 神仙指路 / 莫林桑 著 --初版--
臺北市：博客思出版事業網：2017.3
ISBN：978-986-93783-4-5（平裝）
1.通靈術 2.靈修

296.1　106000660